高职高专汽车类专业创新一体化教材

混合动力汽车结构与检修一体化教程（彩色版）

主　编　汤茂银
参　编　郭可怡
主　审　江　华

机械工业出版社

本书以汽车市场主流油电混合动力汽车（丰田凯美瑞HEV、本田雅阁HEV、比亚迪秦HEV、吉利博瑞）为例，介绍了混合动力汽车的关键技术基础知识、安全知识、动力部件、低压电器、高压电器、空调系统等内容，对混合动力汽车典型部件及故障进行了详细的分析，运用案例阐述汽车故障产生的原因、诊断和排除方法；并嵌入课程思路，全程贯穿职业素养培养与文化熏陶。本书配送"习题册"，其中含有工作任务单以强化技能。

本书还以二维码方式呈现了一些微课视频及知识拓展内容，方便读者直观学习，附录有实操评分标准、混合动力汽车专业英语词汇、混合动力汽车维护技术规范。

本书可用于职业院校汽车维修专业教学用书，也可作为汽车维修企业技术培训及自学用书。

本书配备教学课件，选用本书作为教材的教师可在机械工业出版社教育服务网（www.cmpedu.com）注册后免费下载，或添加客服人员微信获取（微信号码：13070116286）。

图书在版编目（CIP）数据

混合动力汽车结构与检修一体化教程：彩色版 / 汤茂银主编. —北京：机械工业出版社，2021.1（2025.2重印）

高职高专汽车类专业创新一体化教材

ISBN 978-7-111-67455-9

Ⅰ. ①混… Ⅱ. ①汤… Ⅲ. ①混合动力汽车—结构—高等职业教育—教材 ②混合动力汽车—车辆修理—高等职业教育—教材 Ⅳ. ①U469.7

中国版本图书馆CIP数据核字（2021）第020230号

机械工业出版社（北京市百万庄大街22号　邮政编码100037）
策划编辑：齐福江　　责任编辑：齐福江
责任校对：陈　越　　封面设计：张　静
责任印制：常天培
固安县铭成印刷有限公司印刷
2025年2月第1版第8次印刷
184mm×260mm·12.25印张·318千字
标准书号：ISBN 978-7-111-67455-9
定价：55.00元（含2册）

电话服务　　　　　　网络服务
客服电话：010-88361066　机　工　官　网：www.cmpbook.com
　　　　　010-88379833　机　工　官　博：weibo.com/cmp1952
　　　　　010-68326294　金　书　网：www.golden-book.com
封底无防伪标均为盗版　机工教育服务网：www.cmpedu.com

FOREWORD 前 言

本书基于党的二十大报告中关于"深入实施人才强国战略","坚持尊重劳动、尊重知识、尊重人才、尊重创造"的要求,弘扬精益求精的职业精神和工匠精神,将立德树人落实到课程中。本书全面贯彻中共中央、国务院印发的《中国教育现代化2035》的基本理念,以"更加注重以德为先,更加注重全面发展,更加注重面向人人,更加注重终身学习,更加注重因材施教,更加注重知行合一"作为本书的指导基准,嵌入课程思路,针对汽车后市场维修企业典型工作任务,通过任务实施,引导学生养成良好的自主学习习惯,形成缜密的故障诊断思维和娴熟的实操能力,遵循维修企业标准,提升安全环保意识及全面提高综合素质。

结合高职高专学生学习特点来编排内容,并全程贯穿职业素养培养与文化熏陶。通常学生对理论知识不感兴趣,热衷实训操作,因此将企业维修场景引入教学,采用理实一体化方式进行教学。本书选用当前典型的混合动力汽车车型,以项目任务为驱动,以教学目标为引导,以德育目标为先,以"教师导,学生学"为教学主线。本书能帮助教师实时将知识传授与价值引领有机结合起来,最终达到立德树人、教书育人的目的。

本书以现代汽车常见的新结构、新原理、新技术为主,对混合动力汽车典型部件及故障进行了详细的分析,运用丰富的案例阐述了汽车故障产生的原因、诊断和排除方法;同时提供了大量有针对性的随堂任务习题以强化技能,并以二维码的方式链接"知识拓展",拓宽学生知识面,以培养学生分析和解决实际问题的能力,全面提升学生综合能力。

建议教学方法:借助信息化教学平台,构建网络学习资源,运用线上线下相结合的教学方式共建共享知识点;课前发布任务,学生自主学习;课中小组讨论、协作制定维修方案和排除故障;对于课堂上的共性问题,教师集中解答,对于个性问题进行个别辅导;课后提交工作任务单到信息平台供教师查阅并相互参考,并完成信息反馈进行教学反思。

本书由贵州航天职业技术学院汤茂银主编,湖南机电职业技术学院郭可怡参与编写了项目一,贵州航天职业技术学院江华主审,贵州航天实业有限公司骏腾汽车保养厂的专家李浩、郭文伟进行了技术审查。本书编写承蒙各位专家指导并提出宝贵意见,还参考了有关论文、教材及网络资源等,在此对这些资源的原作者表示衷心感谢!感谢贵州航天职业技术学院2018级新能源汽车专业学生田纪、王鹏、金煜、万世凯协助拍摄知识拓展微视频。

由于编者水平和经验有限,书中难免存在缺点和疏漏,恳请广大读者批评指正。主编联系QQ号:451185790。

编 者

二维码清单

书名:《混合动力汽车结构与检修一体化教程(彩色版)》

名称	图形	名称	图形
电池性能与测试		高压预充内部控制原理	
HEV 工作模式切换		混合动力汽车英语专业词汇	
秦 HEV 低压配电走向		混合动力电动汽车维护技术规范	
HEV 高压上电			

CONTENTS 目 录

前 言

项目一 新能源汽车行业现状分析 ... 1

任务一 新能源汽车的发展现状 ... 1
一、概述 ... 1
二、双积分政策 ... 4

任务二 混合动力汽车的现状分析 ... 6
一、基本概念 ... 7
二、总体趋势 ... 7
三、国内外混合动力汽车的发展状况 ... 8
四、混合动力汽车市场前景 ... 9

项目二 混合动力汽车基础知识 ... 11

任务一 混合动力汽车的关键技术 ... 11
一、驱动电机及其控制技术 ... 11
二、动力蓄电池及其管理系统 ... 14
三、整车能量控制系统 ... 26
四、动力传动系统 ... 28
五、能量再生制动回收系统 ... 30
六、先进车辆控制技术在混合动力汽车上的应用 ... 30
七、典型三电系统介绍 ... 31

任务二 混合动力汽车的安全知识 ... 37
一、用电安全常识 ... 37
二、混合动力汽车高压安全规范 ... 40
三、混合动力汽车使用常识 ... 43

项目三 典型混合动力汽车车型分析 ... 45

任务一 混合动力汽车的基本结构 ... 45
一、混合动力电动汽车的分类（QC/T 837—2010） ... 46
二、混合动力汽车的组成与原理 ... 48

任务二 混合动力汽车的动力部件 ... 52
一、丰田混合动力总成 ... 53
二、本田混合动力总成 ... 59

三、比亚迪混合动力总成 …………………………………………………………… 61
　　四、吉利混合动力总成 …………………………………………………………… 72
任务三　混合动力汽车的低压电器 …………………………………………………… 75
　　一、低压电源系统 ………………………………………………………………… 78
　　二、12V 低压铁电池 ……………………………………………………………… 80
　　三、典型指示灯及警告灯 ………………………………………………………… 83
　　四、灯光系统 ……………………………………………………………………… 84
任务四　混合动力汽车的高压电器 …………………………………………………… 87
　　一、操作规程及注意事项 ………………………………………………………… 88
　　二、高压电器部件介绍 …………………………………………………………… 89
任务五　混合动力汽车的冷却系统 …………………………………………………… 132
　　一、空调系统组成与工作原理 …………………………………………………… 133
　　二、空调系统控制原理及故障诊断 ……………………………………………… 137
　　三、蓄电池热管理系统工作原理 ………………………………………………… 146
　　四、维修保养 ……………………………………………………………………… 146

项目四　混合动力汽车典型故障分析 …………………………………………… 151

任务一　2015 款比亚迪秦车辆无法自行切换 HEV 模式故障分析 ………………… 151
任务二　比亚迪秦 EV 模式行驶抖动冲击故障分析 ………………………………… 152
任务三　比亚迪秦 HEV 不能充满电故障分析 ……………………………………… 153
任务四　比亚迪秦行驶中偶发性无 EV 故障分析 …………………………………… 154

附　录 ……………………………………………………………………………… 156

附录 A　实操评分标准 ………………………………………………………………… 156
附录 B　混合动力汽车专业英语词汇 ………………………………………………… 157
附录 C　混合动力汽车维护技术规范 ………………………………………………… 157

项目一 新能源汽车行业现状分析

任务一 新能源汽车的发展现状

任务驱动

2019 年，张先生准备开一家吉利新能源汽车 4S 店，为了更全面地了解市场及行业动态，为后续店面经营做好充分的准备，张先生派小李对行业做一下调研，出具调研报告并进行汇报。

教学目标

◎ 知识目标

1）了解我国新能源汽车技术的发展状况。
2）了解新能源汽车补贴政策和双积分政策。

◎ 技能目标

1）能根据现状分析国家的新能源汽车发展趋势。
2）能根据政策计算出新能源汽车的售卖价格。

◎ 德育目标

1）激发学生的学习热情，增强国产品牌自信心。
2）引导学生有良好的行业认同感，增强学习自信心。
3）引导学生有明确的职业目标，能有的放矢地学习。

知识准备

一、概述

新能源代替传统能源是必然的，时间上可能会比较长，在此基础上发展起来的新能源汽车是汽车发展的主要方向。早在 2012 年，我国多个城市就为新能源汽车定下了销售目标，然而每年的实际销量却远远低于目标销量，表 1-1-1 为 2019 年上半年新能源车企销量目标完成情况。

表 1-1-1　2019 年上半年新能源车企销量目标完成情况　　　　　　　（单位：万辆）

车企	2018 年销量	2019 年销量目标	2019 年上半年销量	完成率
比亚迪	24.8	42	14.6	34.70%
北汽新能源	15.8	22	6.5	29.60%
上汽乘用车	9.6	20	8	40.00%
奇瑞新能源	9	10	2.68	26.80%
长城欧拉	—	10	2.7	27.00%
江淮新能源	6.4	8	3.9	48.80%
长安新能源	4.2	8	2.9	36.25%
广汽新能源	2	4	1.2	30.00%

目前新能源汽车在我国的发展仍然面临着诸多困难，困难如下：

（1）使用难　受限于"三电"核心技术的制约，新能源汽车续驶里程短，充电时间长，购买成本高，充电标准不一致，而且新能源汽车的蓄电池维护费用很高，寿命比较短；不仅如此，相关的技术还没有完全成熟，导致汽车在使用的过程中常常会出现一些故障，造成安全事故，使得新能源汽车使用范围受限，使用效率较低。

（2）充电难　虽然我国公共充电桩的数量全球最多，充电桩与整车比例为 1:7.9，但充电设施规划与实际需求相脱离，充电设施信息不被用户所知，大量充电桩闲置，无规范管理。

（3）建设难　我国的大城市由于人口较多，城市土地资源紧张，车位更是稀缺，不论建设公共充电站，还是改造现有停车场地，都面临车位紧张、电网改造成本高、物业不配合等阻扰问题。

（4）盈利难　新能源汽车的保有量低，用户匮乏，前期建设投资较大，后续运营人工成本较高，效率偏低，导致运营商盈利困难。

（5）财政难　国家通过财政补贴鼓励新能源汽车的推广与应用，省、市两级财政同步给予配套补贴，同时车辆购置税全免，5 年内维护维修费用全额补贴，地方财政"只出不进"，已给地方财政带来了一定的负担。

（6）协调难　新能源汽车的推广应用涉及交通、公安、消防、财政、税务等多个方面的相关部门，数据不统一，一些环节存在多头管理或衔接不到位等问题。

为了锻造我国汽车产业的核心竞争力和建设共生生态，中国新能源汽车的发展需要依靠政府的强有力推动，如图 1-1-1 所示，从产业规划一直到市场化，政府的引导都起着决定性的作用。

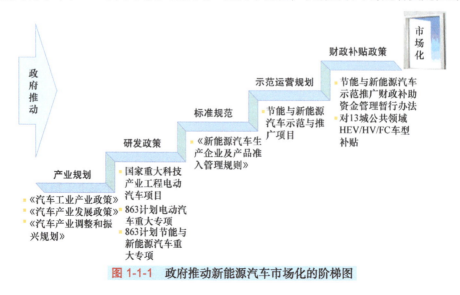

图 1-1-1　政府推动新能源汽车市场化的阶梯图

经历了多年发展，汽车工业已经成为中国经济发展的新引擎，中国汽车产业品牌、质量提升已经走上快车道，中国汽车工业协会常务副会长董扬对于中国汽车产业的发展，提出了三点判断：

（1）中国汽车市场到底有多大的发展空间，有多快的发展速度　董扬判断，中国汽车年产量还可以增长近一倍，每年5000万辆左右。尽管现在比较慢，但是大家不要担心，未来中国汽车销量增长的速度，既不会像2015年4%增长那样低，也不会像2016年增长14%那样高，而是会稳定在7%增长左右。

（2）关于中国品牌发展和国际争夺　中国汽车产业是在改革开放中发展的，中国汽车开放的速度大于世界上绝大多数国家。对此，在国内也受到很多人的批评和垢病，但是实践证明中国汽车改革开放之路是正确的，在中国市场开放将是常态。未来，中国品牌和外资品牌会长期共存，两者市场份额都不会低于1/3。

（3）关于电动汽车在中国的发展情况　2016年中国电动汽车产销量均达到了50万辆，占世界市场的50%，成为了世界第一。之所以产生这样的效果，是因为中国政府采取了和其他国家政府不一样的办法。中国是政府强干预为主、市场竞争为辅推动电动汽车发展，而在美国、日本、欧洲这些地区是以市场竞争为主，政府支持为辅推动电动汽车发展。实践证明中国政府的做法初期效果比较明显，用政策营造出市场，用市场带动创新。

但是，行业的长足发展不能靠短期补贴刺激，需要的是励志长跑的工匠之心。顺势而为的技术研发、成本控制是长期立足行业的根本；政府加强政策预判、解读，甚至参与、影响政策制定，是相机而动的前提。

插入式混合动力（简称"混动"）汽车及纯电动汽车的新能源车辆发展迅速，纯电动汽车可能成为石油枯竭等问题下的"最终解决方案"，燃料电池汽车是另一种在长期战略中非常有希望的解决方案。

未来几年是中国新能源汽车发展的战略机遇期，如图1-1-2所示为中国新能源汽车发展战略路径分析图。《节能与新能源汽车产业发展规划（2012—2020年）》明确指出，2020年，纯电动汽车和插电式混合动力汽车生产能力达200万辆、累计产销量超过500万辆。我国已基本掌握了纯电动汽车整车动力系统的匹配与集成设计、整车控制技术，样车的动力性和能耗水平与国外相当。

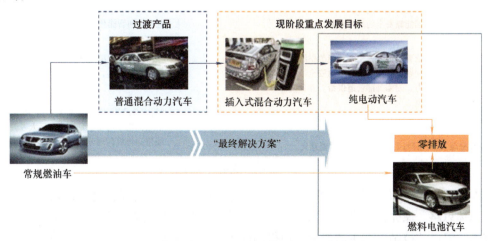

图1-1-2　中国新能源汽车发展战略路径分析

但是，我国纯电动汽车的发展也存在多方面的问题。整车产品在续驶里程、可靠性和工程化上仍落后于国外先进产品；蓄电池的安全性、可靠性、使用寿命等还不能满足整车要求；目前中国电动汽车使用的基础设施（主要是充电设施）还很有限，电网公司已开始对该业务模式进行了有意义的尝试。

总体来说我国电动汽车市场还未能在全国范围内大面积普及，电动汽车整体发展之路还任重而道远，考虑到技术、成本等问题，目前仍然是混合动力汽车作为重点过渡产品。

二、双积分政策

工信部、财政部、商务部、海关总署、质检总局联合发布了《乘用车企业平均燃料消耗量与新能源汽车积分并行管理办法》（即备受瞩目的"双积分政策"）。众所周知，新能源汽车的发展和走向与各种政策的颁布密切相关。此前，国家在新能源汽车方面政策多以鼓励为主，而2018年4月1日双积分政策的正式施行，则表明国家对新能源车辆的管理向强制化转变的态度，这将对车企本身的发展与生存起到至关重要的影响。图1-1-3所示为双积分政策的定义，图1-1-4所示详细分析了双积分政策的实施意义。

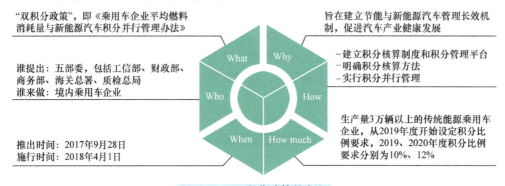

图 1-1-3　双积分政策的定义

是全球最受关注的单一国家产业政策

□ 汽车电动化是中国能源安全的战略需要。

□ 中国石油对外部依赖度很大，串联式能源供给航线只要其中单点出问题，将影响国家能源安全。电动车主要能源为电力，无需外部管道供给，并且内部供给成网格循环型。

□ "双积分政策"对保障国家能源安全有重要意义。

将从根本上改变全球汽车产业格局

□ 电动化和智能化是汽车未来的发展趋势。

□ "双积分政策"用积分奖惩机制限制了燃油车产业发展，促进新能源汽车发展。

□ "双积分政策"将颠覆现有汽车产业，对当前燃油机市场销量龙头将是巨大考验，市场格局将重新划分。

图 1-1-4　双积分政策的实施意义

"双积分政策"表明，国家管理思路从"鼓励"转为"强制"，图1-1-5所示为国家节能减排管理总体思路。原先，国家相继出台了一系列的新能源汽车政策体系，已形成了较为完善的扶持体系。但以"鼓励"为主的态度，使得国内车企发展新能源的态度并不坚决。双积分政策正式稿国家提出了节能减排的硬性要求，车企必须抓紧发展新能源，降低燃油车产能。双积分政策的推出并非一蹴而就，所经历的 3 年历程如图 1-1-6 所示。

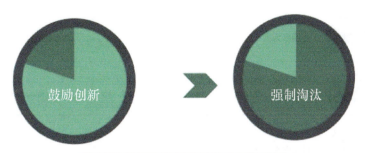

图 1-1-5　国家节能减排管理总体思路

图 1-1-6　双积分政策推出历程

图 1-1-7 所示为双积分"解读"。对于新能源汽车发展良好的自主品牌，可以通过出售富余积分获取收益，而对于发展不足的整车企业，就会面临花钱买积分；燃油汽车燃料消耗量积分可在关联企业转让，也可使用新能源积分抵扣，但无法买卖；而新能源积分就算关联企业也无法转让。

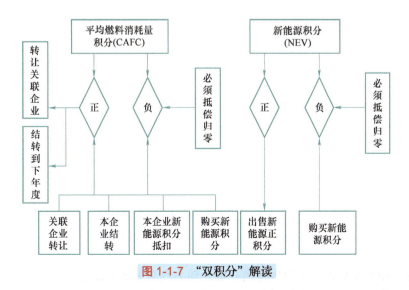

图 1-1-7　"双积分"解读

推行了"双积分政策"后，国内主流车企新能源并无优势，汽车产业格局或将变更，"双积分政策"将大大刺激传统车企业转型（图1-1-8），商业模式或将颠覆。

图1-1-8　汽车企业转型分析

"双积分政策"同时也对产业链上下游产业形成了促进作用，如图1-1-9所示。

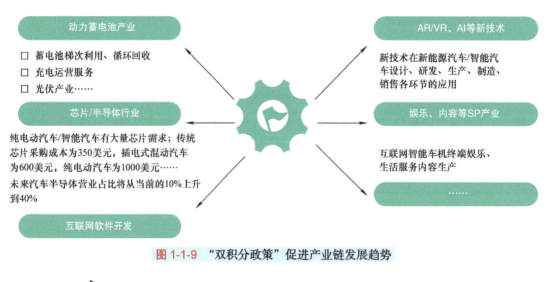

图1-1-9　"双积分政策"促进产业链发展趋势

见配套习题册

任务二　混合动力汽车的现状分析

任务驱动

通过任务一中小李做的调研报告得出：混合动力汽车可能会成为长时间的过渡产品，请小王继续对混合动力汽车的市场进行详细调查分析，提供给张先生决策是否要在店面售卖更多的混合动力汽车。

> **教学目标**

◎ **知识目标**

　　1）了解混合动力汽车的定义。
　　2）掌握混合动力汽车发展现状。

◎ **技能目标**

　　能针对混合动力汽车的技术状况对市场进行技术分析。

◎ **德育目标**

　　1）培养具有民族精神的社会公民，树立健全人格，适应未来发展需求。
　　2）带领学生学习国内外先进技术的同时，培养学生立志成为民族工匠而努力学习的自信心。

> **知识准备**

一、基本概念

　　国际能源组织（IEA）文献对混合动力汽车的定义：至少来自两种不同能量转换装置；要从两种不同能量储存装置吸取能量；储能装置流向车轮动力通道中至少一条可逆。

　　国标 GB/T 19596—2017 对混合动力汽车的定义：至少能从可消耗的燃料、可再充电能量储存装置的两类车载储存的能量中获得汽车动力。

二、总体趋势

　　首先从整车来看，主要的工作是降重量、降能耗、提高续驶里程。对插电式混合动力汽车来说，最主要是降低油耗。这和以前提的综合油耗不同，综合油耗是把电耗和油耗折算在一起，如今要重点考核混动模式下的油耗。为了真正检验插电式混合动力汽车的混合动力系统的技术水平，应相应地提出一些油耗指标的要求。其次是零部件，提升电机比功率和比转矩，对于电机的控制器要提升功率的密度。然后就是蓄电池，现在的目标是到 2020 年蓄电池单体比能量达到 300W·h/kg，2025 年达到 400W·h/kg，到 2030 年达到 500W·h/kg。目前的最好水平是 180W·h/kg，所定目标挑战性高。要让市场接受，成本是重中之重，蓄电池单体成本到 2020 年要降到 1 元/W·h，系统的成本要降到 1.3 元/W·h，2025 年蓄电池单体的成本要降到 0.8 元/W·h，系统的成本要降到 1 元/W·h。到 2030 年，蓄电池单体的成本要降到 0.6 元/W·h，系统的成本要降到 0.8 元/W·h，成本要逐渐降低。

　　下面介绍新能源汽车发展的一个大趋势，即轻量化、智能化、低碳化、模块化。

（一）轻量化

　　每减重 1%，带来的节能效果还是非常显著的。特别是对新能源汽车来讲，因为现在蓄电池的能量密度还比较低，整个车重还是比较重，对新能源汽车来讲更需要轻量化。与此同时，轻量化带来的不光是技术上的进步和革新，更重要的是它会带来一些对传统制造加工工艺，包括生产模式的重大变革。

比如说像宝马i3，大范围地使用了碳纤维的材料，它现在整车的重量只有1195kg，比传统车减重了250~350kg，减重的效果是非常明显的，而且它车身的重量仅有180kg，整个复合材料的使用率达到50%。

因此现在碳纤维这种新型轻量化的材料未来在电动汽车上可能会首先进行普及和应用。另外，像特斯拉也在铝合金的材料运用上做了大量的工作。

（二）智能化

无论从传统车来讲，还是和电动汽车的结合来讲，智能化都是一个新的发展热点。对于电动汽车来讲，更有应用的优势，因为本身电控的水平程度比较高。按照国际上大家共识的发展前景来看，日本和欧洲目前的预计，实现全自动的驾驶大概在2025—2030年的阶段，也就是10年左右的阶段。

（三）低碳化

这里讲的低碳化实际上是一个全生命周期的概念，现在发展电动汽车在社会上还是有不同的声音，包括对电动汽车到底减不减排还有质疑，主要因为电力的结构，煤电将近70%的比例，如果电动汽车的能耗不能控制在合理的程度，确实会存在不减排的状况。从未来的角度来看，必须要引入可再生能源，真正实现生命周期的低排放和零排放。这不光是国内所关注的，这些年国际上对这块也投入了很大精力，特别像欧洲、美国、日本在这方面都做了很多试验验证的工作，积极推动新能源汽车和可再生能源的融合，在未来，这也是重要的发展方向。

非常重要的环节是，如果说新能源汽车和可再生能源，包括智能电网的融合，它不光是解决了环保效益的问题，更重要的一点，它还能带来在经济性方面的收益，特别是蓄电池的梯次利用。如果能够实现动力蓄电池的梯次利用，对新能源汽车降低成本，能够快速地普及会产生非常重要的推动作用。

（四）模块化

轿车混合动力系统的模块化愈加明显，逐步推进汽车动力的电气化。而城市客车混合动力系统出现平台化趋势，发动机组+驱动电机+储能装置构成了混合动力系统的基本技术平台。通过换用不同的发电机组，使从内燃机到气体燃料发动机各种不同的能源动力转化装置，形成油-电、气-电、电-电各种不同的混合动力系统，促进动力系统的平稳过渡与转型。目前插电式混合动力技术越来越引起人们的关注。

例如通用荣威550混合动力汽车，在动力系统方面采用1台1.5L汽油发动机和2台电动机的动力组合，三者通过EDU（智能电驱动单元）并利用离合器C1、C2两个档位来实现在纯电动模式、串联模式、并联模式以及全工况混合动力模式之间切换。这套动力系统的综合最大功率为147kW，综合最大转矩为587N·m。

三、国内外混合动力汽车的发展状况

（一）中国

混合动力的技术概念和专利授权的公开，最早是在中国国家专利局实现的。20世纪90年代末，中国电动自行车的应用开发刚刚起步。电动汽车技术上的瓶颈首先就暴露出来，即蓄电池的能量有限，导致车辆的功率和续驶里程极其有限。1997年1月27日国家专利局受理了中国第一个有关混合动力汽车的专利申请。由于当时中国的经济发展水平和制造业条件的限制，这个新概念和技术没有机会在中国发展起来。

混合动力乘用车在国内有比亚迪、一汽、长安、东风、上汽等车企都有不同技术车型投放市场。在国家的支持下各个汽车厂、汽车公司也都在不断地努力，现在已经具备自主开发的能力。

国内混合动力客车主要是以并联为主，也有串联和混联。目前混合动力汽车零部件基本现状是：驱动电机方面，国内目前已经有自己电机的系列产品，纯电动电机达到80kW以上，混合动力电机达到50 kW以上，最高转速到11000r/min；常规的电压基本上在350V左右；中混ISG转速为6500 r/min，电压一般为144V。在动力蓄电池方面，目前混合动力汽车用的蓄电池，特别是镍氢蓄电池在国内被广泛应用，锂离子蓄电池也用在混合动力的产品上，总的来讲镍氢蓄电池技术水平与国际上的产品相当。

从总的发展方向来看，混合动力汽车技术上会越来越成熟，从能源的角度来看，最终会是一个过渡产品，但这个过渡期会非常长。我国把2035年新能源汽车的发展目标定为纯电动汽车和混合动力车各占50%。混合动力的技术特点是混合度越高，成本越高，当然节能效果也会越好，这是制约混合动力技术及市场发展很重要的原因。

（二）日本

日本全新的汽车油耗管理办法于2020年开始实施，要求其国内车企油耗加权平均值必须在4.9L/100km以下（JC08测试循环）。对此，日本车企主要根据车辆不同整备质量段针对性地发展不同技术。通常整备质量在1t以下的车型，基本采取小型化、轻量化的技术路线。对于整备质量在1.5～2.5t的中大型车，近期趋势是传统动力系统升级挖潜，普及怠速启停、制动能量回收等技术，远期则转向混合动力与插电式混合动力技术。整备质量在2.5t以上的车型，则考虑混合动力、插电式混合动力及部分柴油化的技术路线。

（三）欧盟

当前，全球汽车工业正面临着能源环境问题的巨大挑战。在这种形势下，美国、欧洲等发达国家和地区不约而同地将新能源为代表的低碳产业作为国家战略选择，都希望通过新能源产业与传统汽车产业的结合（混合动力汽车作为长期过渡产品），破解汽车工业能源环境制约，培育新型战略性产业，提升产业核心竞争力，发展低碳经济，实现新一轮经济增长。在太阳能、电能等替代能源真正进入实用阶段之前，混合动力汽车因其低油耗、低排放的优势越来越受到人们的关注。近年来，美、德等汽车工业强国先后发布了关于推动包括混合动力汽车在内的新能源汽车产业发展的国家计划。

四、混合动力汽车市场前景

随着汽车市场的不断更新升级以及环境污染、油耗、排放法规政策问题的倒逼下，发展节能和清洁能源技术已经成为汽车行业的共识。近些年市场上的纯电动和混合动力汽车产品不断丰富，技术进一步发展。但是由于电动汽车目前的续驶里程、充电问题还没得到更好的解决，混合动力汽车成为了目前最佳的节能汽车推广路线。

如图1-2-1和图1-2-2所示分别是丰田汽车公司以及国际能源署（IEA）对不同动力汽车未来市场份额的预测。可以看到，两者的预测不尽一致，但有一点相同，就是在2030年，仍有约90%的车是带内燃机的，纯电动汽车（BEV）和氢燃料电池车（FCEV）只占大约10%。这是就全球而言，中国市场纯电动汽车占比可能会略高一些，但是也难以超过20%。

太久远的未来，谁也不知道会怎样，但是10年乃至30年之内，"机电结合"——也就是混动和插电混动（增程电动国际上也被归入插混的范畴）才是汽车市场的主流。

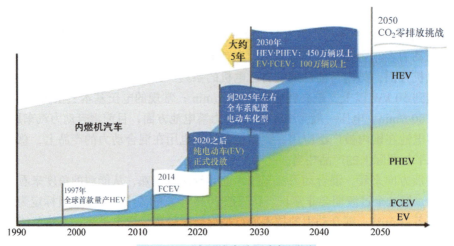

图 1-2-1 丰田汽车公司市场预测

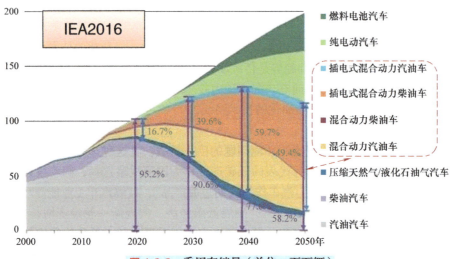

图 1-2-2 乘用车销量（单位：百万辆）

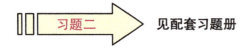

习题二　见配套习题册

项目二　混合动力汽车基础知识

任务一　混合动力汽车的关键技术

任务驱动

某新能源汽车 4S 店新进一批维修人员，你作为培训技师，请对这批新人就混合动力汽车的关键技术及维修安全常识进行培训并实战考核。

教学目标

◎ 知识目标
　　1）掌握混合动力汽车的三电核心技术发展现状。
　　2）掌握混合动力汽车检修安全常识。

◎ 技能目标
　　1）能对混合动力汽车电机进行技术分析。
　　2）能对蓄电池综合参数进行定义和评价。
　　3）能对混合动力汽车的工位进行安全防护。
　　4）能正确驾驶和存放混合动力汽车。

◎ 德育目标
　　1）培养学生不畏惧困难，能独立自主解决问题的能力。
　　2）引导学生形成保护自己、保护他人、保护设备的安全意识。
　　3）培养学生敬畏生命和法规的意识。

知识准备

从汽车不可拆卸的零部件数量来看，电动汽车不多于 90 个，而燃油汽车达上万个，新能源汽车区别于传统汽车最核心的技术是"三电"系统，即蓄电池、电机和电控，如图 2-1-1 所示，其中，电池占制造成本的 45%，"三电"成本超过 56%。

一、驱动电机及其控制技术

电机是电动汽车的心脏，对于混合动力汽车来说，电机的重要性与发动机是等同的。混合动力汽车对驱动电机的要求是功率密度高、体积小、重量轻、效率高。从发展趋势来看，电驱动系统的研发主要集中在交流感应电机和永磁同步电机上，对于高速、匀速行驶工况，采用感应电机驱动较为合适；而对于经常起动停止、低速运行的城市工况，永磁电机驱动效率较高。典型新能源汽车驱动电机零部件如图 2-1-2 所示，其配套的控制原理如图 2-1-3 所示。

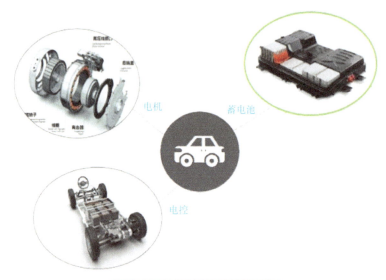

图 2-1-1　新能源汽车关键技术

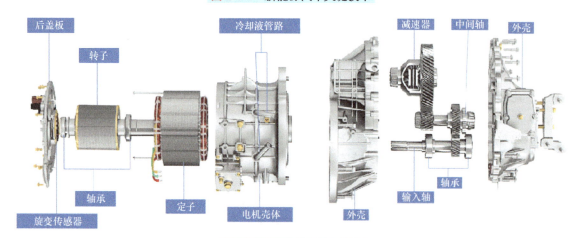

图 2-1-2　驱动电机零部件

从产品上看，国内基本覆盖了 200kW 以下的新能源汽车车用电机动力的需求。驱动电机的功率密度、效率这些技术水平与国际水平基本相当，峰值功率大多在 2.8～3.0kW/kg。现在正在开发高转速电机，而且也得到了应用，最高的转速现在能够达到 12000r/min 的水平。

电动汽车驱动电机主要包括直流电机和交流电机，目前广泛使用的交流电机有交流感应电机、开关磁阻电机和永磁电机（包括无刷直流电机和永磁同步电机）。

（一）直流电机（DCM）

1. 定义

直流电机（Direct Current Motor，DC Motor）将直流电能转换为机械能的转动装置。电机定子提供磁场，直流电源向转子的绕组提供电流，换向器使转子电流与磁场产生的转矩保持方向不变。

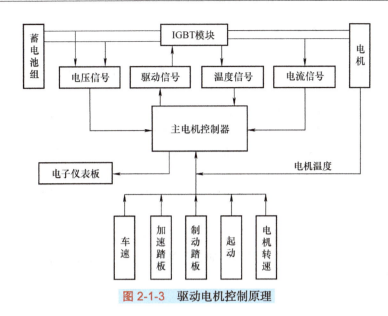

图 2-1-3 驱动电机控制原理

2. 特点

1）调速性能好。

2）起动转矩大。

3）高速性能不佳。

3. 构造

直流电机的结构分为定子与转子两部分。

（二）交流感应电动机（Induction Motor）

1. 交流感应电机定义

交流感应电机又称交流异步电机，由定子绕组形成的旋转磁场与转子绕组中感应电流的磁场相互作用而产生电磁转矩，驱动转子旋转的交流电机。

2. 特点

交流感应电机具有结构简单、坚固耐用、成本低廉、运行可靠、低转矩脉动和低噪声特点。近年来被广泛应用于汽车。最大缺点是驱动电路复杂，相对于永磁电机而言，感应电机（异步电机）效率和功率密度偏低。

（三）开关磁阻电机

1. 开关磁阻电机的定义

开关磁阻电机（Switched Reluctance Drive，SRD）是继变频调速系统、无刷直流电机调速系统之后发展起来的最新一代无级调速系统，是集现代微电子技术、数字技术、电力电子技术、红外光电技术及现代电磁理论、设计和制作技术为一体的光、机、电一体化高新技术。

2. 系统特点

1）结构简单：电机结构简单、成本低、可用于高速运转。

2）起动优点：起动转矩大，起动电流低。

3）频繁起停：适用于频繁起停及正反向转换运行。

4）性能好：可控参数多，调速性能好。

5）效率高损耗小：效率高，损耗小。

3. 缺点

转矩脉冲大，噪声大，相对于永磁电机而言，功率密度和效率偏低。

（四）永磁电机

与传统的电励磁电机相比，永磁电机特别是稀土永磁电机具有结构简单、运行可靠、体积小、质量小、损耗少、效率高，以及电机的形状和尺寸可以灵活多样等显著优点。永磁电机包括反电动势为方波的无刷直流电机和反电动势为正反弦波的永磁同步电机。

1. 无刷直流电机

无刷直流电机具有高转矩密度、高功率密度、位置检测和控制方法简单、效率高等优点。

2. 永磁同步电机

永磁同步电机的运行原理与电励磁同步电机相同，但它以永磁体提供的磁通替代后者的励磁绕组励磁，使电机结构较为简单，降低了加工和装配费用，且省去了容易出问题的集电环和电刷，提高了电机运行的可靠性。

永磁同步电机有如下的特点：

1）高起动转矩、高过载能力。

2）运行效率高、节能效果尤为明显。

（五）电动汽车电机的选用策略

1）体积小，质量轻。

2）在整个运行范围内高效率。

3）低速大转矩特性及宽范围恒功率特性。

4）良好的环境适应性和高可靠性。

5）价格低。

二、动力蓄电池及其管理系统

（一）动力蓄电池

混合动力汽车是汽车、电力拖动、化学电源、自动控制等工程技术中最新成果的集成产物，混合动力汽车的开发和产业化需解决诸多关键技术。混合动力汽车上的蓄电池使用状况不同于一般的电动汽车，混合动力汽车在工作中蓄电池处于非周期性的充放电循环中，蓄电池充放电速率和效率较高。这就要求混合动力汽车所用蓄电池在具有高能量密度的同时，更重要的是要具有高的功率密度，以便在加速和爬坡时能提供较大的峰值功率。蓄电池的性能和寿命与蓄电池的充放电历史、蓄电池工作温度等因素密切相关，过充电和过放电会严重影响蓄电池性能甚至造成蓄电池损坏。因此通过蓄电池管理系统对蓄电池工作过程和工作环境进行监控，提供准确的蓄电池剩余电量预测，对充分利用蓄电池能效、延长蓄电池使用寿命具有非常重要的意义。正因为如此，研究与开发高性能、低成本、长寿命的蓄电池及其管理系统，仍然是影响混合动力汽车发展的关键问题之一。

动力蓄电池是混合动力电动汽车的基本组成单元，其性能直接影响到驱动电机的性能，从而影响整车的燃油经济性和排放。混合动力电动汽车用的蓄电池工作负荷大，对功率密度要求较高。但体积和容量小，而且蓄电池的 SOC 工作区间较窄，对循环寿命要求高。开发适合混合动力汽车的专用动力蓄电池是确定于混合动力汽车能否大量推广使用的重要因素之一。如何全面、准确地对动力蓄电池进行管理，是决定动力蓄电池能否发挥最佳效能的重要因素，其动力传递线路如图 2-1-4 所示。

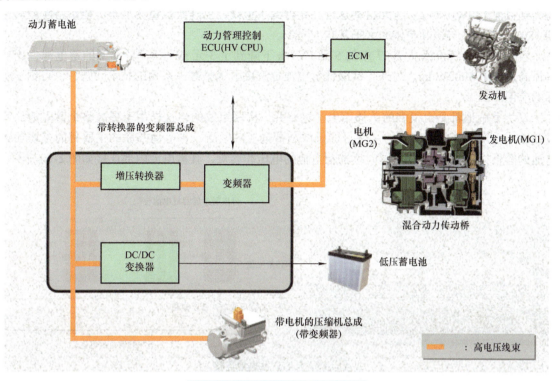

图 2-1-4　动力蓄电池动力传递图

动力蓄电池是混合动力电动汽车的核心部件，也是价格最高的部件，在混合动力汽车中的成本比较大。动力蓄电池的性能好坏直接决定了这辆车的实际价值。动力蓄电池属于高压安全部件，内部机构复杂，工作时需要很苛刻的条件，任何异常因素都将导致动力被切断，因此必须经过严格的培训才能对动力蓄电池进行检测维修等作业，其动力蓄电池内部部件布置如图 2-1-5 所示。

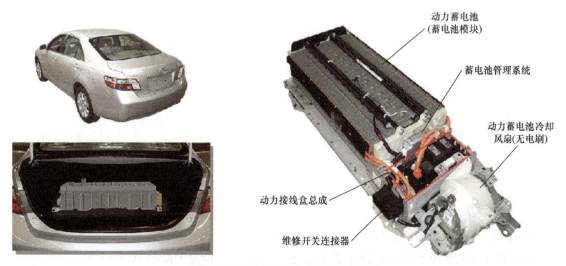

图 2-1-5　动力蓄电池内部部件布置

比亚迪公司的磷酸铁锂蓄电池得到了大规模的普及应用，能量密度从 2007 年的 90W·h/kg 提高到目前 140W·h/kg。三元材料这近几年得到了重视，也开始批量化上车，能量密度能够达到 180W·h/kg，与国际单体的水平基本上同步。

蓄电池的系统价格从 2007 年的 5 元/W·h 下降到了 3 元/W·h。功率型的蓄电池，比功率最高达到了 3000W/kg。另外，钛酸锂蓄电池也解决了气胀等一系列的技术问题，也得到了实际的应用。

动力蓄电池都是由很多的单体蓄电池进行并、串联组成的，这样用于提高整个蓄电池的容量和输出电压。蓄电池串联的主要目的是增加蓄电池的电压；蓄电池并联的主要目的是增加蓄电池的容量；蓄电池的复联可同时增加蓄电池的电压和容量，其蓄电池内部连接如图 2-1-6 所示。

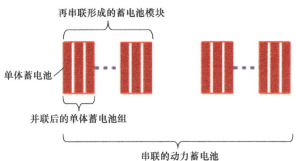

图 2-1-6　HV 蓄电池连接

单体蓄电池：构成动力蓄电池最小单元，即常说的一节蓄电池，也称电芯。

单体蓄电池组：一组并联的单体蓄电池，该组合额定电压与单体蓄电池的额定电压相等，是蓄电池在物理结构和电路上连接起来的最小分组。

蓄电池模块：由多个单体蓄电池组或单体蓄电池串联组成的一个组合体。

动力蓄电池通常由多个单体蓄电池按照串、并联的方式连接而成，图 2-1-7 所示的动力电池就是由 8 个蓄电池模块进行串联而成的。

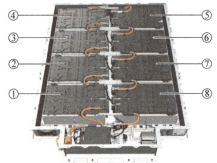

图 2-1-7　动力蓄电池

NiMH 镍氢蓄电池如图 2-1-8 所示：34 个蓄电池模块；每个蓄电池模块均由 6 个单体蓄电池组成；单体蓄电池额定电压 1.2V；总额定电压 244.8V；能量密度约 80W·h/kg。

- 动力蓄电池(蓄电池模块)
- 6单体(7.2V)×34模块=DC 244.8V

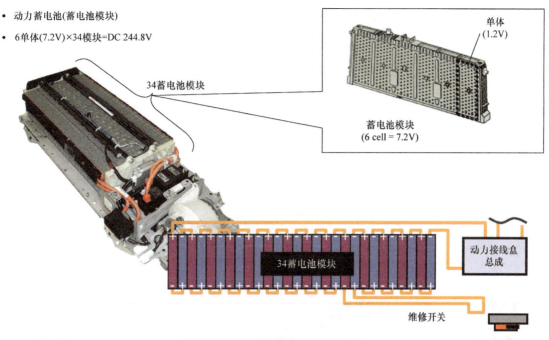

图 2-1-8　NiMH 镍氢蓄电池模块

镍氢蓄电池的优点：

1）充电时间短，充电 18min 可恢复 40%～80%的容量，过充电和过放电性能好。

2）循环寿命可达到 1000 次以上，是铅酸蓄电池的 3 倍，最多可达到 6000 次。

3）低温性能较好，能够长时间存放，可以在环境温度 -28～80℃条件下正常工作。

4）镍氢蓄电池中没有铅（Pb）和镉（Cd）等重金属元素，不会对环境造成污染。

5）镍氢蓄电池可以随充随放，不会出现镍镉在没有放完电后即充电而产生的"记忆效应"。

6) 管理系统相对简单，蓄电池耐过充电和过放电能力比较强，没必要监测到每只单体蓄电池的电压。

镍氢蓄电池的缺点：

1）在高温条件下使用时电荷量急剧下降。

2）自放电损耗较大。

3）镍氢蓄电池的成本很高。

4）在高速率、深放电情况下，各个单体蓄电池之间的容量和电压差较明显。

比亚迪公司的磷酸铁锂动力蓄电池组如图 2-1-9 所示，其中一款车型由 11 个动力蓄电池模块，共 96 节蓄电池单体组成，蓄电池类型是磷酸铁锂（$LiFePO_4$），每个单体蓄电池的电压约为 3.3V，利用 96 节单体蓄电池串联后，可以形成约 316.8V 左右的总电压。$LiFePO_4$（磷酸铁锂）蓄电池的标称电压是 3.3 V、终止充电电压是 3.6V、终止放电压是 2.0V。

11 个蓄电池模块，从 A1-E 分别标记为 A1、A2、B1、B2、C1、C2、D1、D2、D3、D4 和 E。A1、A2、E：每个蓄电池模块由 4 个单体蓄电池串联；B1、B2——每个蓄电池模块有 10 个单体蓄电池串联；C1、C2——每个蓄电池模块由 8 个单体蓄电池串联；D1、D2、D3、D4——每个蓄电池模块由 12 个单体蓄电池串联。常见动力蓄电池的参数对比见表 2-1-1。

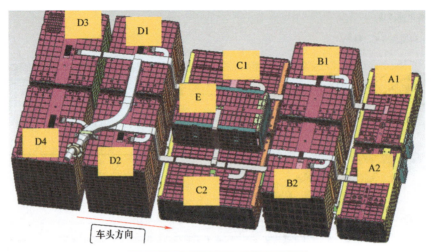

图 2-1-9　磷酸铁锂动力蓄电池组

表 2-1-1　常见动力蓄电池参数对比

蓄电池类型	比能量/(W·h/kg)	比功率/(W/kg)	能量效率(%)	循环寿命/次
铅酸蓄电池	35~50	150~400	80	500~1000
镍镉蓄电池	30~50	100~150	75	1000~2000
镍氢蓄电池	60~80	200~400	70	1000~1500
锂离子蓄电池	100~200	200~350	>90	1500~3000
锂聚合物蓄电池	150~200	300~400	>90	2000~3000

蓄电池温度传感器安装在 HV 蓄电池上部 3 个部位，检测蓄电池的温度，如图 2-1-10 所示。

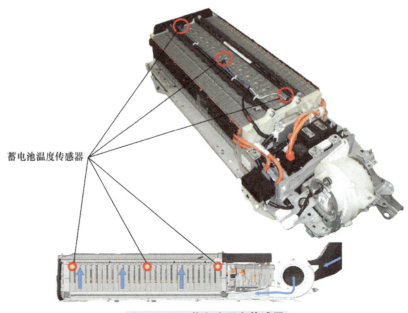

图 2-1-10　蓄电池温度传感器

蓄电池电流传感器检测蓄电池的电流强度，如图 2-1-11 所示。

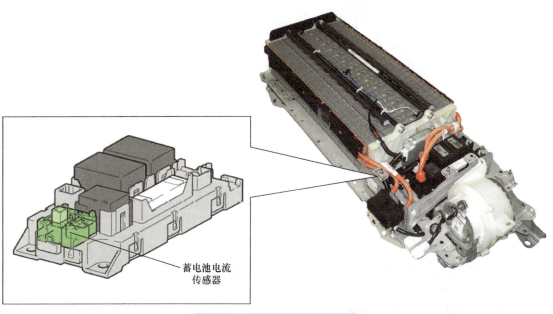

图 2-1-11　蓄电池电流传感器

SMR（系统主继电器 / 接触器）：连接和断开动力蓄电池和高压线束，如图 2-1-12 所示。

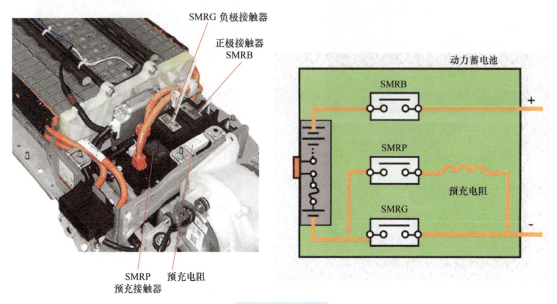

图 2-1-12　SMR

维修开关：手动关闭高压电路，如图 2-1-13 所示。

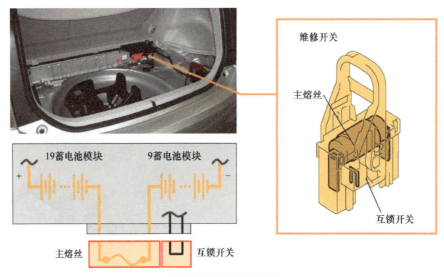

图 2-1-13 维修开关

维修开关拆卸和安装,如图 2-1-14 所示。工位准备如下:
1)工位洁净、干燥。
2)工位上没有工具或其他物体。
3)使用独立空间与其他工位隔开或使用隔离带进行空间隔离。
4)附近没有飞溅火花,否则应竖起相应隔板。

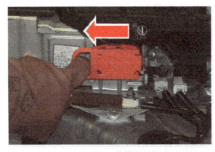
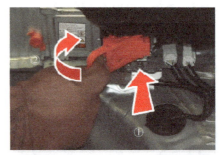
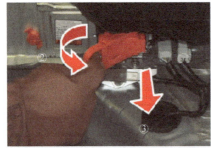

图 2-1-14 维修开关拆卸和安装示意图

警告:
　　动力蓄电池的分解和组装必须由生产厂家或专业人员完成!分解蓄电池模块或蓄电池监控模块前必须打印元件位置图供参考。

高压蓄电池组结构如图 2-1-15 所示，其分解、检测、组装步骤如下：

1）检查绝缘手套及工具。
2）镍氢蓄电池电压检测。
3）维修开关的拆卸。
4）镍氢电池的分解。
5）镍氢单体蓄电池的检测。
6）镍氢单体蓄电池的组装。
7）维修开关的安装。

图 2-1-15　高压蓄电池组结构

1—维修开关护盖　2—维修开关插接器及线束　3—绝缘盖　4—温度传感器　5、7—支架
6—下壳体　8—单体蓄电池　9—动力蓄电池模块连接端子　10—上壳体

混合动力汽车的电能储存装置可以分为二次电池、超级电容和飞轮三类。

1）二次电池也称可充电电池，主要有铅酸蓄电池、镍-氢蓄电池、锂离子蓄电池、镍-金属氢化物蓄电池。

2）超级电容器又叫电化学电容器，是新型双电层电容器，具有电容量大的特点。

3）飞轮亦称飞轮储能器，利用飞轮高速旋转储存和释放电能的装置。

当混合动力汽车的动力蓄电池相关电气部件有故障时，在仪表板上显示动力蓄电池故障警告灯，其控制方式为当接收到蓄电池管理系统（BMS）为故障信号或 ON 档位与蓄电池管理系统（BMS）失去通信时，警告灯点亮。

（二）动力蓄电池管理系统

BMS 是新能源汽车蓄电池管理系统，它是连接车载动力蓄电池和新能源汽车的重要纽带。

BMS 实时采集、处理、存储蓄电池组运行过程中的重要信息，与外部设备如整车控制器交换信息，解决锂蓄电池系统中安全性、可用性、易用性、使用寿命等关键问题，主要作用是提高蓄电池的利用率，防止蓄电池出现过充电和过放电，延长蓄电池的使用寿命，监控蓄电池的状态，如图 2-1-16 所示。通俗地讲，BMS 就是一套管理、控制和使用蓄电池组的系统。

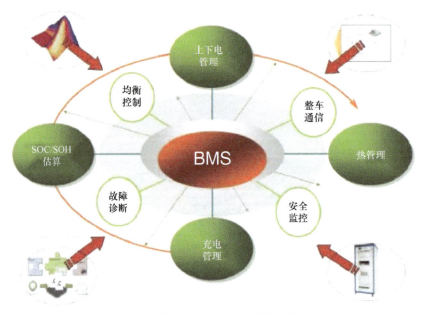

图 2-1-16　蓄电池管理系统作用

蓄电池管理系统（BMS）是蓄电池保护和管理的核心部件。它不仅要保证蓄电池安全可靠的使用，而且要充分发挥蓄电池的能力和延长使用寿命，还要控制接触器控制动力蓄电池组的充放电，并向整车控制器(VCU)上报动力蓄电池系统的基本参数及故障信息，如图 2-1-17 所示。

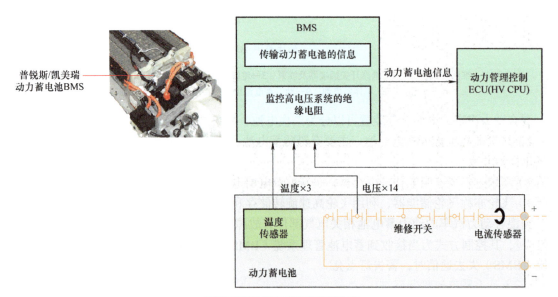

图 2-1-17　BMS 内部连接图

项目二 混合动力汽车基础知识 | 23

凯美瑞/普锐斯动力蓄电池总成中的蓄电池模块是通过母线串联连接。动力蓄电池管理系统（BMS）在 17 个位置上监视单体蓄电池电压，如图 2-1-18 所示。

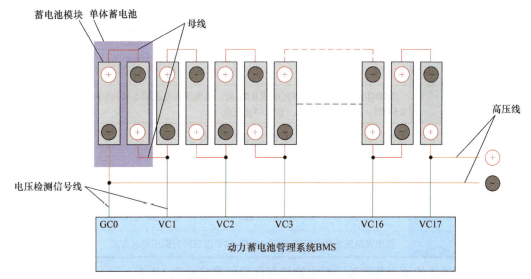

图 2-1-18　凯美瑞/普锐斯 BMS

提示：图中绿线为监视单体蓄电池电压的信号线。

动力蓄电池管理系统 BMS 的结构组成可以分为硬件和软件，如图 2-1-19 所示。硬件包括主板、从板及高压盒。软件用于监测蓄电池的电压、电流、SOC 值、绝缘电阻值、温度值，通过与 VCU、充电机的通信，来控制动力蓄电池系统的充放电。

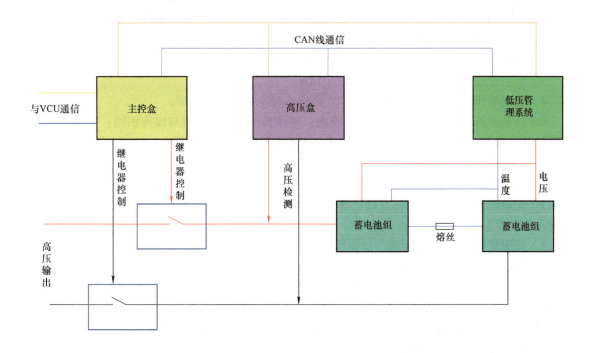

图 2-1-19　BMS 结构组成

以北汽新能源车为例，介绍动力蓄电池管理系统采集的主要控制参数。

采用车载充电机充电。充电温度与充电电流要求见表 2-1-2。

表 2-1-2　充电温度与充电电流关系 1

温度 /℃	小于 0（加热）	0~55	大于 55
可充电电流 /A	0	10	0
备注	当单体最高电压高于额定电压 0.4V 时，降低充电电流到 5A，当单体电压高于额定电压 0.5V 时，充电电流为 0A，请求停止充电		

采用非车载充电机充电。充电温度与充电电流要求见表 2-1-3。

表 2-1-3　充电温度与充电电流关系 2

温度 /℃	小于 5（加热）	5~15	15~45	大于 45
可充电电流 /A	0	20	50	0
备注	恒流充电至单体电压高于额定电压 0.3V 以后转为恒压充电方式			

对于有加热功能的动力蓄电池，充电加热与保温的要求见表 2-1-4。

（1）充电加热

表 2-1-4　充电加热与保温

充电状态	车载充电机（慢充）	非车载充电机（快充）
温度 /℃	小于 0（加热）	小于 5（加热）

1）慢充时低于 0℃，启动加热模式：闭合加热片，待所有单体蓄电池温度高于 5℃，停止加热，启动充电程序，过程中出现单体蓄电池温度差高于 20℃，则间歇停止加热，待加热片温度差低于 15℃，则重启加热片。

2）加热过程中，正常情况下充电桩电流显示为 4~6A。

3）充电过程中充电桩电流显示为 12~13A。

4）如果单体蓄电池压差大于 300mV，则停止充电，报充电故障。

5）快充时低于等于 5℃，启动加热模式：单体蓄电池温度数据与慢充相同；如果充电过程中最低温度低于等于 5℃，则停止充电模式，也不重新启动加热模式。

（2）保温策略

1）充电保温只发生在车载充电完成后。

2）充电完成后，蓄电池温度低于等于 5℃时进入保温模式，若蓄电池温度高于 5℃，蓄电池进入静置状态。

3）保温策略以保温 2h 为唯一截止条件。

4）保温过程中：电池温度上升至 8℃以上时，蓄电池进入静置状态。

5）保温过程中，如果电池温差超过 20℃，蓄电池进入静置状态直至温差低于 10℃再次启动加热。

动力蓄电池管理系统对动力蓄电池放电的控制，需同时满足以下条件：

1）储电能量 >10%（SOC)。（不能亏电）

2）电池温度在 −20~45℃。

3）单体蓄电池温度差小于25℃。（局部电池高温）

4）实际单体蓄电池最低电压不小于额定单体蓄电池电压0.4V。（亏电）

5）单体蓄电池电压差小于300mV。

6）绝缘性能大于500Ω/V。

7）动力蓄电池内部低压供电、通信正常。

8）电池监测系统工作正常（电压、电流、温度、绝缘）。

动力蓄电池管理系统对动力蓄电池充电的控制，需同时满足以下条件：

（1）车载充电机（慢充）

1）BMS常电供电正常（12V正、负极）。

2）充电唤醒信号正常。

3）CAN线通信正常。

4）高压线束连接正常。

5）高压线束及电气设备绝缘性能大于500Ω/V。

6）动力蓄电池温度高于0℃。

7）动力蓄电池内部无故障。

（2）非车载充电机（快充）

1）BMS常电供电正常（12V正、负极）。

2）充电唤醒信号正常。

3）CAN线通信正常（新能源CAN线）。

4）高压线束连接正常。

5）高压线束及电气设备绝缘性能大于500Ω/V。

6）动力蓄电池温度高于5℃。

7）动力蓄电池软件版本与充电桩软件版本匹配。

8）动力蓄电池与充电桩通信不超时。

9）动力蓄电池内部无故障。

混合动力汽车电池管理系统是汽车中一个越来越重要的关键部分，表2-1-5为其故障类型，它是一个处于监控蓄电池运行及保护蓄电池关键技术中的核心部件，能给出剩余电量和功率强度预测、进行智能充电和电池诊断安全等功能集合的综合系统。

表2-1-5 BMS所报蓄电池故障类型

信号来源	故障类型	电源档位	故障现象
电源管理器	蓄电池组充电报警 蓄电池组放电报警 蓄电池组温度报警 过电流报警 电压过低报警 电压过高报警	所有电源	点亮警告灯

1. 蓄电池管理系统的功能

综合国内外的研究，混合动力汽车蓄电池管理系统应具备实时显示蓄电池荷电状态的功能、对动力蓄电池的各项指标进行监控的功能、控制功能等。实时显示蓄电池荷电状态的功能，能够实时预报混合动力汽车镍氢蓄电池的剩余电量或者蓄电池已经放出多少电量。对动力蓄电池的各项指标进行监控，对蓄电池组中每个单体蓄电池的端电压和温度进行采集，并确认蓄电池组内各单体蓄电池的状态。控制功能是控制蓄电池组内的各单体蓄电池的荷电状态，防止出现不一致性带来的个别单体蓄电池出现过充、过放现象，同时控制蓄电池的充放电状态，其在汽车上使用可以达到节能的目的。

2. 蓄电池管理系统的性能要求和结构特点

混合动力汽车蓄电池管理系统主要包括数据采集模块、数据处理与存储模块、监测控制模块、输入输出模块。由于汽车的运行工况十分复杂，运行环境的变化也很大，都会对电源管理系统产生影响，同时汽车行驶时所产生的噪声和电波等可能会使系统功能丧失，使其不能正常工作。因此，混合动力汽车蓄电池管理系统需要具备相当的可靠性、通用性、经济性。由于混合动力车辆上装有内燃机和电机两种动力源，其续驶里程和动力性比纯电动汽车更好，而且可以充分发挥电机低速、大转矩的特点，使得发动机的排放和油耗大为降低，同时还能回收汽车减速和制动时的能量，进一步降低了汽车的能量消耗。混合动力车辆需要具备高能量和高功率的能量存储装置，低成本、高效率的功率电子设备和燃料经济性高、排放低的发动机，所面临的关键性技术和需要解决的问题包括以下几个方面：一是内燃机与电机耦合功率分配的最优控制；二是能量存储装置较高的比功率；三是开发高性能的电子控制元件；四是加快电力驱动系统研究；五是建立更先进的驱动系统数学模型。而混合动力汽车内燃机与电机耦合功率分配的最优控制十分重要，在满足汽车动力性能的前提下，能量管理策略应当能够根据汽车动力系统的特性及实时的运行工况，实现在发动机、电机之间合理的转矩分配，以获得整车最大的燃油经济性能、最低的排放以及平稳的驾驶性能。

知识拓展　锂电池性能与测试

习题一　见配套习题册

4 电池性能与测试

三、整车能量控制系统

混合动力汽车的整车能量控制系统的主要功能是进行整车功率控制和工作模式切换的控制。整车能量控制系统如同混合动力汽车的大脑，指挥各个子系统的协调工作，以达到效率、排放和动力性的最佳，同时兼顾行驶车辆的平顺性。

骨干的整车企业现在都具备了开发的体系和开发的能力，从系统到软件到硬件三个层级。特别在软硬件开发模式中，兼容了全球最先进的体系，基本掌握了混合动力汽车的整车集成控制、评价技术。

作为一种新型的能量源交通工具，混合动力汽车的性能与其采用的能量管理策略密切相关，能量管理策略是传统燃油汽车与纯电动汽车完美结合的纽带，是混合动力汽车成败的最终决定性因素。混合动力汽车的结构不同，能量管理策略也不同。目前，国内外学者提出了各种各样能量管理策略，下面逐一加以介绍：

（一）串联式混合动力汽车的能量管理策略

由于串联式混合动力汽车的发动机与汽车行驶工况没有直接联系，因此其能量管理策略的主要目标是使发动机在最佳效率区和排放区工作。为了优化能量、分配整体效率，还应考虑传动系统的动力蓄电池、发动机、电机和发电机等部件。下面简要介绍一下串联式混合动力汽车三种基本的能量管理策略。

1. 恒温器策略

当动力蓄电池 SOC 低于设定的低门限值时，起动发动机，在最低油耗或排放点按恒功率模式输出，其中一部分功率用于满足车轮驱动功率要求，另一部分功率给动力蓄电池充电。而当动力蓄电池组 SOC 上升到所设定的高门限值时，发动机关闭，由电机驱动车辆。其优点是发动机效率高、排放低；缺点是动力蓄电池充放电频繁，加上发动机开关时的动态损耗，使得系统总体的损失功率变大，能量转换较低。

2. 功率跟踪式策略

由发动机全程跟踪车辆功率需求，只有当动力蓄电池的 SOC 大于设定上限，并且仅由动力蓄电池提供的功率能满足车辆需求时，发动机才停机或怠速运行。由于动力蓄电池容量小，动力蓄电池充放电次数减少而使得系统内部损失减少。但是发动机必须在从低到高的较大负荷区内运行，使得发动机效率和排放不如恒温器策略下的发动机效率和排放。

3. 基本规则型策略

基本规则型策略综合了恒温器策略与功率跟踪式策略两者策略的优点，根据发动机负荷特性图设定了高效率工作区，根据动力蓄电池的充放电特性设定了动力蓄电池的荷电状态范围，并设定一组控制规则，根据需求功率和 SOC 进行控制，以充分利用发动机和动力蓄电池的高效率区，使其达到整体效率最高。

（二）并联式动力汽车的能量管理策略

并联式混合动力汽车的能量管理策略基本属于基于转矩的控制，目前主要有以下四类：

1. 静态逻辑门限策略

静态逻辑门限策略通过设置车速、动力蓄电池 SOC 上下限、发动机工作转矩等一组门限参数，限定动力系统各部件的工作区域，并根据车辆实时参数及预先设定的规则调整动力系统各部件的工作状态，以提高车辆整体性能，目前应用较为广泛。但由于主要依靠工程经验设置门限参数，静态逻辑门限策略无法保证车辆燃油经济性最优，而且这些静态参数不能适应工况的动态变化，无法使整车系统达到最大效率。

2. 瞬时优化能量管理策略

针对静态逻辑门限策略的上述缺点，一些学者提出了瞬时优化能量管理策略。瞬时优化策略一般是采用"等效燃油消耗最少"法是将电机的等效油耗与发动机的实际油耗之和定义为名义油耗，将电机的能量消耗转换为等效的发动机油耗，得到一张类似于发动机万有特性图的电机等效油耗图。在某一个工况瞬时，从保证系统在每个工作时刻的名义油耗最小出发，确定电机的工作范围（用电动机转矩表示），同时确定电机的工作点，对每一对工作点计算发动机的实际油耗以及电机的等效燃油消耗，最后选名义油耗最小的点作为当前的工作点，实现对发动机、电机输出转矩的合理控制。为了将排放一同考虑，该策略还可采用多目标优化技术，采用一组权值来协调排放和燃油同时优化存在的矛盾。等效燃油消耗最小方法在每一步长内是最优的，但无法保证在整个运行区间最优，而且需要大量的浮点运算和比较精确的车辆模型，计算量大，实现困难。

3. 全局最优能量管理策略

全局最优能量管理策略是应用最优化方法和最优化控制理论开发出来的混合动力系统能量分配策略，目前主要有基于多目标数学规划方法的能量管理策略、基于古典变分法的能量管理策略和基于 Bellman 动态规划理论的能量管理策略三种。研究最为成熟的是基于 Bellman 动态规划理论的能量管理策略。该方法首先建立了空间状态方程，然后计算在约束条件下满足性能指标的最优解。为了满足蓄电池荷电状态平衡下的约束条件，采用拉格朗日乘子法推导出的性能指标，除了包含燃油消耗，还包括荷电状态变化量。采用迭代方法计算器拉格朗日系数，可以得到满足荷电状态平衡的约束条件最优解。该方法只适用于特定的驾驶循环，即必须预先精确知道车辆的需求功率，因而不能用于在线控制。全局模式上实现了真正意义上的最优化，但实现这种策略的算法往往都比较复杂，计算量也很大，在实际车辆的实时控制中很难得到应用。通常的做法是把应用全局优化算法得到的能量管理作为参考，以帮助总结和提炼出能用于在线控制的能量管理策略，如与逻辑门限策略相结合，在保证可靠性和实际可能性的前提下进行优化控制。

4. 模糊能量管理策略

模糊能量管理策略基于模糊控制方法来决策混合动力系统的工作模式和功率分配，其将"专家"的知识以规则的形式输入模糊控制器中，模糊控制器将车速、蓄电池 SOC、需求功率/转矩等输入量模糊化，基于设定的控制规则来完成决策，以实现对混合动力系统的合理控制，从而提高车辆的整体性能。基于模糊逻辑的策略可以表达难以精确定量表达的规则，可以方便地实现不同影响因素（功率需求、SOC、电机效率等）的折中，鲁棒性好。但是模糊控制器的建立主要依靠经验，无法获得全局最优。

（三）混联式混合动力汽车的能量管理策略

混联式混合动力汽车由于其特有的传动系统结构，如果采用星形齿轮机构传动除了采用瞬时优化能量管理策略、全局优化能量管理策略和模糊能量管理策略（与并联式混合动力汽车能量管理策略原理类似）以外，还有一些特有的能量管理策略和发动机最优工作曲线策略。

1. 发动机恒定工作点策略

由于采用了行星齿轮机构，发动机转速可以独立于车速变化，这样可使发动机工作在最优工作点，提供恒定的转矩输出，而剩余的转矩则由电动机提供。电机负责动态部分，避免了发动机动态调节带来的损失，而且与发动机相比，电动机的控制也更为灵敏，易于实现。

2. 发动机最优工作曲线策略

发动机工作在万有特性图中，只有当发动机电流需求超过蓄电池的接受能力或者当电机驱动电流需求超出电机或者电池的允许限制时，才调整发动机的工作点。

四、动力传动系统

混合动力汽车动力传动系统的参数匹配是混合动力汽车设计的一个重要内容，直接影响混合动力汽车将来的排放和燃油经济性能，它包括合理的选择和匹配发动机功率、动力蓄电池容量和电动机的功率等，以确定车辆的混合度，组成性能最优的混合驱动系统。

混合动力汽车可分为 HEV（混合动力）、PHEV（插电式）、EREV（增程式），同时根据电机位置又可分为 P0、P1、P2、P2.5、P3、P4 等不同技术路线。其中 P0 也称为 BSG（Belt-driven Starter Generator），如图 2-1-20 所示，电机通过皮带与发动机连接；P1 也称为 ISG（Integrated Starter Generator），如图 2-1-21 所示，电机与发动机直接连接；P2 是电机与发动机之间有离合器，如图 2-1-22 所示，电机与传动机构之间有离合器；P3 是电机安装在变速器和差速器之间；P4 是电机在后桥（后轴）。纵观国内外汽车企业的混动技术的发展路线，可谓是百花齐放，欧洲偏爱 P2 技术路线、日本和美国走 DHT 双电机功率分流的 e-CVT 技术路线、吉利科力远 DHT 功率分流的 e-CVT 技术路线及 P2.5（7DCTH）技术路线、比亚迪采用了 P3+P4 技术路线，长城则是 P0+P4 技术路线。

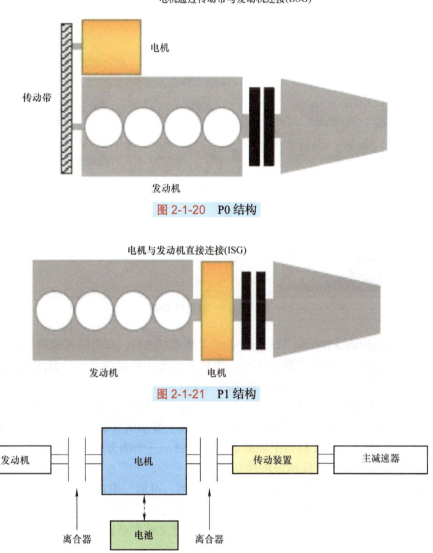

图 2-1-20　P0 结构

图 2-1-21　P1 结构

图 2-1-22　P2 结构

众泰汽车积极践行绿色的发展理念，在新能源技术上不断积累并推陈出新。第一代插电式混合动力采用了 P0+P4 架构，早在 2018 年就已量产；第二代 P2 插电式混合动力也即将在 2020 年初量产。经历两代混动项目开发及多年技术沉淀，众泰汽车逐渐掌握了发动机、变速器、蓄电池、电机和电控等混合动力汽车核心技术。

在混合动力汽车发展中，混动变速器至关重要。混动变速器实现混动车辆动力分配的同时，通过电机、离合器、齿轮等协调工作实现车辆在纯电或混动模式下的起步、换档、前进、后退等，电机通过助力、发电、能量回收将发动机油耗调至最佳，混动变速器直接决定了车辆的性能。目前众泰汽车正在全力打造双电机混动专用变速器（DHT），如图 2-1-23 所示，以高效节能、成本控制为目标导向，众泰汽车开发 P1+P3 双电机 DHT，也是众泰汽车布局新能源最重要的一步。

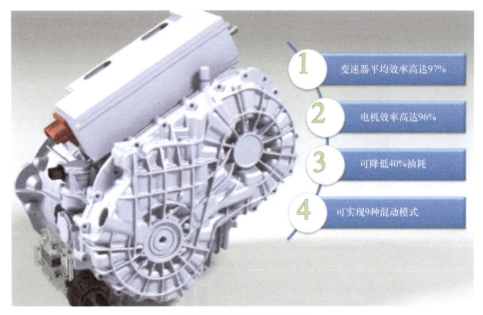

图 2-1-23　双电机 DHT

众泰 DHT（Dedicated Hybrid Transmission）集成双电机、双电机控制器、TCU、变速器本体等为一体，其变速器平均效率高达 97%、电机通过使用扁铜线及油冷技术其效率高达 96%，搭配 1.5TD 阿特金森循环发动机，可降低 40% 油耗。

根据不同整车配置需求 DHT 平台可应用于 PHEV、HEV、EREV，其含发动机、发电机、驱动电机三个动力源，分别可实现纯电、混动、增程、发动机直驱、怠速充电等 9 种工作模式，在实现两个不同档位驱动保证换档平顺舒适性的同时，三个动力源根据整车工况协同工作，使得整车具有更强的动力性及更优的经济性。

众泰 DHT 混动项目是一个非常庞大的系统工程，可靠、出色、油电衔接平顺是每个研发工程师追求的系统目标，其技术难度、开发周期、系统集成等对研发人员带来了新的挑战与机遇。众泰 DHT 目前正在紧锣密鼓地进行样机试制，首发整车项目将于 2021 年年中量产。

五、能量再生制动回收系统

能量再生制动回收是混合动力汽车提高燃油经济性的又一重要途径，由于制动关系到行车安全性，如何在最大限度回收制动时的车辆动能与保证安全的制动距离和车辆行驶稳定性之间取得平衡，是再生制动系统需要解决的难题之一，再生制动系统与车辆防抱死制动系统的结合可以完美地解决这一难题。

六、先进车辆控制技术在混合动力汽车上的应用

传统汽车的车辆动力学控制系统与混合动力系统控制以及制动能量回收控制的结合，将是混合动力汽车控制技术的下一个研究热点。另外，随着混合动力电动汽车研究的深入，传统汽车的驱动控制系统、车辆稳定性控制系统等如何与混合动力汽车的能量管理及动力系统控制相

结合,将越来越显示其重要性与必要性。

在插电式混合动力汽车方面,技术难点多,相对比较复杂。我国的混合动力专用的发动机、增程器、机电耦合装置、电机系统等关键的零部件与国外差距比较大。

七、典型三电系统介绍

上汽集团于2016年推出上汽荣威ERX5插电式混合动力汽车,2017年推出ERX5纯电动车,参数见表2-1-6,ERX5三电结构如图2-1-24所示。

表2-1-6 上汽荣威ERX5参数

电池化学系数	三元NCM
电池容量	48.3kW·h
续驶里程60km/h	425km
续驶里程NEDC	320km
最高车速	135km/h
百公里加速	7.5s
最大功率	85kW
最大转矩	255N·m

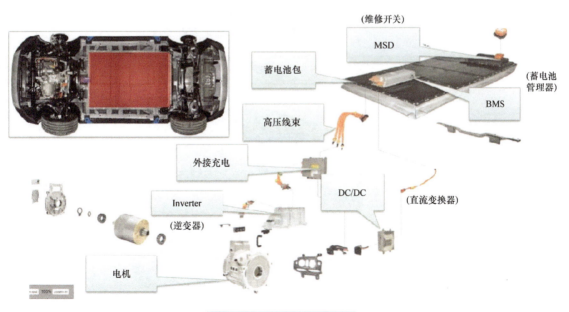

图2-1-24 ERX5三电结构

(一)蓄电池部分

1. 蓄电池组(Battery Cell)

蓄电池组供应商为宁德时代,化学体系为三元NCM523,方壳硬包,如图2-1-25所示。

图 2-1-25 三元 NCM523 蓄电池

每个模组 8 个单体蓄电池，4 串 2 并。串联电路电流相等，电压相加，并联电路电压相等，电流相加。ERX5 的模组 4 串 2 并的意思就是每 2 个单体蓄电池并联组成 4 个小组，然后 4 个小组串联，则每个模组的电流为 70A×2=140A，电压为 3.65×4=14.6V，电量为 140×14.6=2040W·h。整个蓄电池包 24 个模组串联，总电压为 14.6×24=350.4V，电量为 2.04×24=48.96kW·h。

2. 蓄电池模组和蓄电池控制单元（Battery Modules and CSC）

蓄电池模组和蓄电池控制单元供应商为宁德时代，每个模组 8 个单体蓄电池，端板为铝挤出件，侧板与端板激光焊接，8 个 CSC，如图 2-1-26 所示。

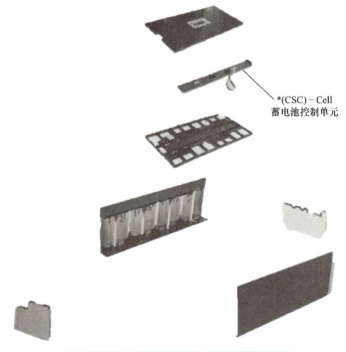

*(CSC)‒Cell
蓄电池控制单元

图 2-1-26 三元 NCM523 蓄电池监控电路

3. 蓄电池母线（Battery Bus Bar）

蓄电池母线采用铜结构加镀镍层，表面包覆橡胶绝缘层，如图 2-1-27 所示。

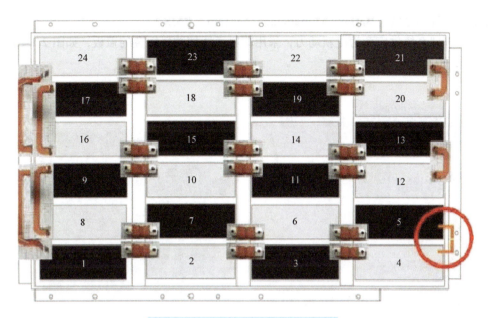

图 2-1-27 三元 NCM523 电池总线

4. 蓄电池固定架（Battery Frame）

蓄电池固定架采用铝基材结构，工艺为挤出和冲压，如图 2-1-28 所示。

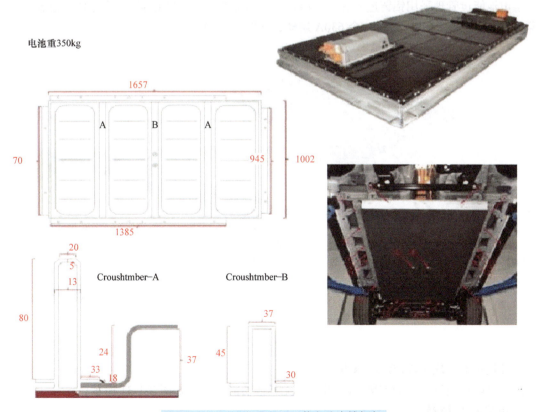

图 2-1-28 三元 NCM523 蓄电池支撑框架

5. 蓄电池管理系统（Battery Management System，BMS）

蓄电池管理系统供应商为捷新动力，采用塑料壳体加冲压钣金的盖板，如图 2-1-29 所示。

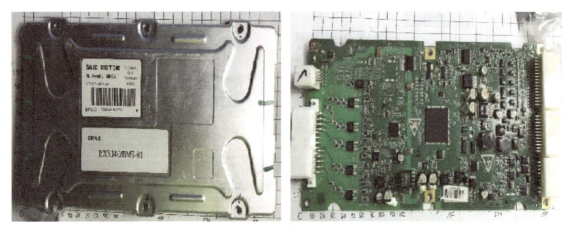

图 2-1-29　三元 NCM523BMS

6. 蓄电池能量管理（Battery Energy Management，BEM）

蓄电池能量管理采用铝铸造外壳，塑料基座，内饰 5 个高压接触器，2 个电流传感器，2 个电容，无冷却系统，MSD 带有一个 630A 熔丝，如图 2-1-30 所示。

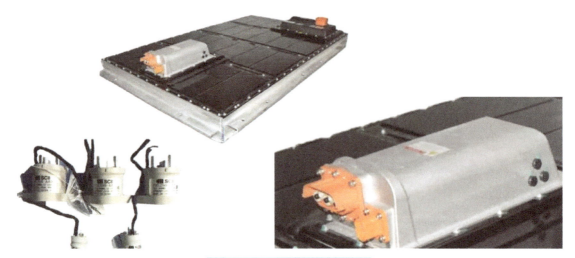

图 2-1-30　三元 NCM523BEM

（二）电控部分

1. 外接充电模块（On Board Charger）

外接充电模块供应商为 VMAX，液冷，无其他功能集成，如图 2-1-31 所示。

2. DC/DC 变换器

DC/DC 变换器供应商为 Delta Elec，产地泰国，2500W，液冷，无其他功能集成，如

图 2-1-32 所示。

图 2-1-31　外接充电模块

图 2-1-32　DC/DC 变换器

3.DC/AC 变换器（EDU Inverter）

DC/AC 变换器供应商为联合电子，与大众电动车 inverter 相似，但大众的 inverter 集成了 DC/DC 功能，如图 2-1-33 所示。

图 2-1-33　DC/AC 变换器

（三）电驱部分

1. 电驱装置和变速器（Electric Drive Unit and Gearbox）

电驱装置和变速器供应商为华域，永磁电机，偏置传动，最高转速 10000r/min，最高功率 85kW，最大转矩 255N·m，如图 2-1-34 所示。

电机重39kg

图 2-1-34　驱动电机

2. 高压线束（High Voltage Electric Distribution System）

高压线束如图 2-1-35 所示。

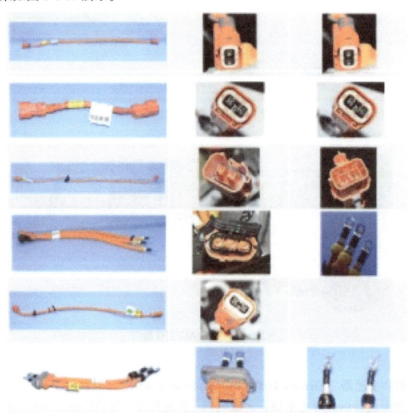

图 2-1-35　高压线束

| 习题二 | 见配套习题册 |

任务二 混合动力汽车的安全知识

任务驱动

某新能源汽车4S店新进一批维修人员,你作为培训技师,请对这批新人就混合动力汽车维修安全常识进行培训并实战考核。

教学目标

◎ 知识目标
1)掌握人体安全电压标准。
2)掌握混合动力汽车检修安全常识。

◎ 技能目标
1)能对混合动力汽车的工位进行安全防护。
2)能正确驾驶和存放混合动力汽车。

◎ 德育目标
1)引导学生形成保护自己、保护他人、保护设备的安全意识。
2)培养学生敬畏生命和法规的意识。

知识准备

一、用电安全常识

(一)电安全吗?

人体电阻不是一个固定的数值。一般在干燥环境中,人体电阻大约2kΩ~20MΩ范围内;皮肤出汗时,约为1kΩ左右;皮肤有伤口时,约为800Ω左右。人体触电时,皮肤与带电体的接触面积越大,人体电阻越小。当人体接触带电体时,人体就被当作一电路元件接入回路。人体阻抗通常包括外部阻抗(与触电当时所穿衣服、鞋袜以及身体的潮湿情况有关,从几千欧至几十兆欧不等)和内部阻抗(与触电者的皮肤阻抗和体内阻抗有关)。通过人体的电流达0.6mA就会引起人体麻刺感觉;通过50mA的电流就会有生命危险。当电压高到一定值以后,会有相应的电流流过人体。见表2-2-1,有大约5 mA的电流通过人体时,就可视作是"电气事故",会产生麻木感。人体内通过的电流达到大约10 mA时,到达了导出电流的极限,人体开始收缩,无法再导走电流,电流的滞留时间也相应增加。30~50mA交流电的长时间滞留会导致呼吸停止以及心室纤维性颤动。经过人体的电流到达大约80mA时,被认为是"致命值"。

表 2-2-1 流过人体的电流与人体反应表

流过人体的电流 /mA	人体的反应
0.6~1.5	手指开始感觉发麻
2~3	手指感觉强烈发麻
5~7	手指肌肉感觉痉挛，手指感觉灼热和刺痛
8~10	手指关节与手掌感觉痛，手已难以脱离电源
20~25	手指感觉剧痛，迅速麻痹，不摆脱电源，呼吸困难
50~80	呼吸麻痹，心房开始震颤，强烈灼痛，呼吸困难
90~100	呼吸麻痹，持续3s或更长时间后，心脏麻痹或心房停止跳动

能够最终对人体产生伤害的是电流，电流对人体的伤害有三种形式：电击、电伤和电磁场伤害。

1）电击是指电流通过人体，破坏人的心脏、肺及神经系统的正常功能。

2）电伤是指电流的热效应、化学效应和机械效应对人体的伤害。

3）电磁场生理伤害是指在高频磁场的作用下，人会出现头晕、乏力、记忆力减退、失眠、多梦等神经系统的症状。

一般认为，电流通过人体的心脏、肺部和中枢神经系统的危险性较大，特别是电流通过心脏时，危险性最大。从手到脚的电流途径最为危险，因为沿该条途径有较多的电流通过心脏、肺部等重要器官；其次是从一只手到另一只手的电流途径。

（二）安全电压标准

通常当人体接触到25V以上的交流电，或60V以上的直流电时，人体就可能会发生触电事故。人体的触电并不是指人体接触到了很高的电压，是因为过高的电压通过人体这个电阻后，会在人体中形成电流，从而导致人体的伤害。因此必须注意的是，伤害人体的不是电压，而是电流。

安全电压是为了防止触电事故而采用的由特定电源的电压系列，其供电要求实行输出与输入电路的隔离，与其他电气系统的隔离。这个电压系列的上限值，在正常和故障情况下，任何两导体间任一导体与地之间均不得超过交流（50~500Hz）有效值50V。

人们可根据场所特点，采用我国安全电压标准规定的交流电安全电压等级：

1）42V（空载上限小于等于50V）可供有触电危险的场所使用的手持式电动工具等场合下使用。

2）36V（空载上限小于等于43V），可在矿井、多导电粉尘等场所使用的行灯等场合下使用。

3）24V、12V、6V（空载上限分别小于或等于29V、15V、8V）三档可供某些人体可能偶然触及的带电体的设备选用。

当电气设备采用24V以上安全电压时，必须采取防止直接接触带电体的措施，其电路必须与大地绝缘。

安全电压是以人体允许电流与人体电阻的乘积为依据而确定的。而人体电阻又是个实时变量而无法事先计算出来，为了确保安全，往往不采用安全电流，而是采用安全电压来进行估算。根据GB4943.1—2011(等效于EN60950或IEC60950)规定：在干燥的条件下，相当于人的一只手的接触面积上，交流峰值电压高达42.4V或直流电压高达60V的稳态电压视为不具危险的电压，即安全电压。

（三）动力蓄电池是否安全

为了确保动力蓄电池具有良好的安全稳定性，在研发过程中多次对动力蓄电池进行火烧、短路、针刺、撞击、高温、挤压等极端测试，如图 2-2-1 所示。

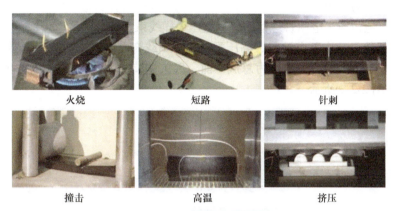

图 2-2-1　动力蓄电池测试项目

在维修动力蓄电池系统时，按高压维修规范进行操作，如表 2-2-2 所示准备好动力蓄电池安全保护设备，在如图 2-2-2 所示的高压维修样板场地进行维修工作即可保障人员安全。

表 2-2-2　维修高压电池安全保护设备

序号	名称	设备规格与要求
1	安全警告牌	规格：30cm×60cm、高强度 ABS 塑料 内容："危险 请勿靠近"与高压标识
2	绝缘手套	耐直流电压 1000V 以上
3	防酸碱手套	耐酸碱性
4	绝缘鞋	耐直流电压 1000V 以上
5	绝缘胶垫	绝缘 1000V 的电压、防水级别与塑料或橡胶材料类似 尺寸：7m×4m
6	防护眼镜	耐酸碱性

图 2-2-2　高压维修样板场地

二、混合动力汽车高压安全规范

（一）高压部件识别

1）橙色线束均为高压线。

2）动力蓄电池包连至电源管理器的红色电压采样线束。

3）高压零部件：动力蓄电池包、高压配电箱、车载充电器、太阳能充电器（装有时）、驱动电机控制器总成（前、后）、电动力总成（前、后）、电动压缩机总成、电加热芯体 PTC、漏电传感器等，如图 2-2-3 所示。

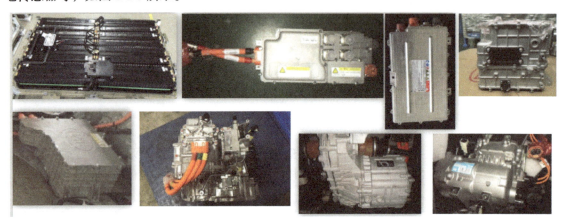

图 2-2-3　高压部件

（二）高压系统维修安全防护

1）切断车辆电源（将起动按钮打在 OFF 档），等待 5min。

2）戴好防护用品，如图 2-2-4 所示。

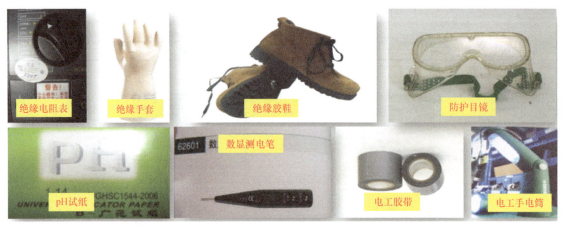

图 2-2-4　高压系统维修防护用品

3）在退电 5min 后，检修高压系统前应使用万用表测量整车高压回路，确保无电。测量蓄电池包正极和车身之间的电压来初步判断是否漏电。若检测到电压大于等于 50V，则说明蓄电池包漏电，应立即停止操作。

4）在低压调试时维修开关不装配，在进行高压调试时，必须由专职监护人指挥装配维修开关。

5）高压调试必须在低压调试好的前提下调试，便于判断蓄电池是否有漏电的情况，如有漏电情况应及时检查，不能进行高压调试。

6）拆装动力蓄电池包总成时，首先把高压电控总成连接高压线束插接件用绝缘胶带缠好，拆装过程不要损坏线束，以免发生触电危险。

7）检修或更换高压线束、油管等经过车身钣金孔的部件时，需注意检查与车身钣金的防护是否正常，避免线束、油管磨损。

（三）高压维修人员资质

高压维修人员应具有以下资质：

1）特种作业操作证（电工）。

2）初级（含）以上电工证（职业资格证书），如图 2-2-5 所示。

3）经过相应汽车销售有限公司培训，并培训合格取得授权。

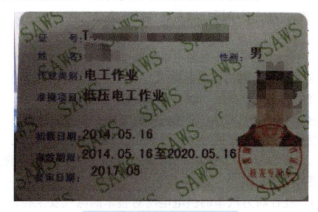

图 2-2-5　低压电工作业证书

（四）高压维修安全注意事项及防护措施

1. 注意事项

1）在维修作业前请采用安全隔离措施（使用警戒栏隔离），并树立高压警示牌，以警示相关人员，避免发生安全事故，如图 2-2-6 所示。

图 2-2-6　高压维修安全隔离措施

2）在维修高压部件前，请将车身用搭铁线连接到混合动力及纯电动汽车专用维修工位的接地线上。

3）在检修有电解液泄漏的动力蓄电池包时，需佩戴防护眼镜，以防止电解液溅入眼中。

4）在车辆上电前，注意确认是否还有人员在进行高压维修操作，避免发生危险。

5）检修高压线束时，对拆下的任何高压配线应立刻用绝缘胶带包扎绝缘。

6）进行钣金维修，必须采用干磨工艺，严禁采用水磨工艺。

7）整车进入烤漆房进行烘烤工艺时，必须将动力蓄电池包与整车分离。

8）不能用手指触摸高压线束插接件里的带电部分，以免触电。另外应防止有细小的金属工具或铁条等接触到接插件中的带电部分。

9）若发生异常事故和火灾时，操作人员应立即切断高压回路，其他人员立即使用灭火器扑救，使用干粉灭火器，严禁用水剂灭火器。

10）当发生电池漏电解液，切勿用手触摸，稀释电解液需用葡萄糖软膏进行稀释，不可用水稀释。

11）对于空调制冷剂和冷冻油的回收、加注须用单独的专用设备进行，不能与燃油车型制冷剂加注及回收设备混用，避免对车辆空调系统及环境造成危害。

2. 防护措施

1）漏电保护器。混合动力汽车采用漏电保护是必要的，一旦有正母线或负母线与车身相连，保护器就报警，这就避免了电机壳体漏电成为高压正极，站在车上的人触摸负极造成电击伤。这样的设计也可避免空调系统高压、DC/DC系统高压的泄漏。

2）高压互锁。混合动力汽车DC/AC变换器密封集成在高压部件中，非工作人员不能拆开，但也会有工作人员疏忽和非工作人员强行拆开的情况，为防止电击伤，在DC/AC变换器盒盖上设计有高压互锁开关，只要DC/AC变换器盒体打开，开关动作，控制器收到信号会断开系统的主继电器，可以避免意外电击出现。

3）绝缘电阻检测。混合动力汽车的供电电压对整车的电气安全提出了更高的要求，尤其是对高压系统的绝缘性能提出了更为苛刻的要求。绝缘电阻是表征车辆电气安全好坏的重要参数，相关电动汽车安全标准均作了明确规定，目的是为了消除高压对车辆和驾乘人员人身的潜在威胁，保证车辆电气系统的安全。对于混合动力汽车，因考虑到其高压电的危害性，在车上需要提供绝缘电阻监控系统，依据标准GB/T 18384.3—2015中的要求，在监测到绝缘电阻小于$500\Omega/V$时，电路自动断开。

4）等电势保护。为了防止因存在电势差造成的触电危险，在高压组件的外壳或者可导电的外盖等部件之间应该采用导线与车身支架相连的方式，以达到等电势的效果，在欧盟有规定要求高压组件外壳与车身任一点之间的电阻不大于0.1Ω。

（五）高压维修电击事故急救措施

1. 援救电气事故中受伤人员时，你应该记住什么?

1）你自身的安全是第一位的！

2）绝对不要去触碰仍然与电压有接触的人员！

3）如果可能，马上将电气系统断电！关闭点火开关或者马上拔出维修开关。

4）用不导电的物体（木板、扫帚把等）把事故受害者或者导电体与电压分离。

2. 电击事故后实施急救时需要注意什么?

如果事故受害者没有反应，应采取如下急救措施：

1）首先确定受害者是否还有生命迹象，比如脉搏和呼吸！

2）马上呼叫急救医生，或者马上让别人去呼叫！

3）进行人工呼吸以及心肺按压直到医生到达！

4）如果呼吸停止：使用非专业的除颤器（如果有的话）。

5）如果事故受害者能回应问询，应采取如下急救措施：

① 对烧伤处进行降温处理，并用消过毒的无绒布进行包扎！

② 即使事故受害者拒绝，也要要求其接受治疗（避免出现长期的后遗症）！

（六）高压维修动力蓄电池事故急救措施

电动汽车或动力蓄电池起火时，请根据实际情况，进行下列操作：

1）将车辆退电至 OFF 档，并在条件允许情况下断开 12V 蓄电池。

2）断开维修开关。

3）就近寻找灭火器（请勿使用水基型灭火器）。

4）如果车辆起火，火势较小较慢，请使用干粉灭火器灭火，并立即拨打求救电话。

5）如果火势较大，发展较快，请立即远离车辆，拨打火警电话等待救援。

如果动力蓄电池发生泄漏（有明显液体流出），请按照以下方法对车辆进行操作：

1）请将车辆退电至 OFF 档，并在条件允许的情况下断开前舱 12V 蓄电池。

2）断开维修开关。

3）发生少量泄漏时，请远离火源，使用吸水布吸附后置于密闭容器中，或采用焚烧方式处理，操作前请佩戴防酸碱手套。

4）发生大量泄漏时，请统一收集，按照危险化学品处理，可加入葡萄糖酸钙溶液来处理产生的气体 HF。

5）当人体不慎接触泄漏液体时，应立即用大量水冲洗 10～15min，如果有疼痛感可用 2.5%（质量分数）的葡萄糖酸钙软膏涂敷，或用 2%～2.5% 的葡萄糖酸钙溶液浸泡止痛，若无改善或出现不适症状，请立即就医。

6）安全驾驶 - 避免急加速、急减速。

三、混合动力汽车使用常识

（一）正确起步、驾驶

1）起步时，按下模式开关进入运动模式。

2）行车时，最好选择经济模式。

3）行车中，如果一定要加速的时候，请选择运动模式。

车辆在运动时，它具有动能，如何有效的利用汽车的动能对增加续驶里程具有很重要的意义。部分混合动力汽车设计了能量回收功能（即汽车在减速过程中，汽车的动能由电机转变为电能储存到动力蓄电池中）。如果急减速的话，汽车的大部分动能就只能转变为制动片上的热能，从而散失在大气中。

（二）防水

1）洗车时请注意尽量避免水进入前舱内，冲洗车辆底部时水管与车辆呈 30° 角冲洗，不要呈 90° 角直冲。

2）车辆避免进入水深超过 20cm 的区域。

3）暴雨时尽量少出车。

4）一定要避免车辆浸泡在超过 30cm 的水里。

5）如果车辆浸泡到了水里，请立即将车辆拖出，并联系 BYD 工作人员进行处理。

(三)防撞

1)当发生严重交通事故时或出现车辆正面、侧面和后面严重碰撞。应马上通过起动按钮断开车辆电源,踩下驻车踏板,断开紧急维修开关。车内所有人员下车,通知专业售后人员前来进行处理。

2)车辆尽量避免走凹坑、石头较多、坑洼、缓冲带过高的路段。若发生严重碰撞,首先应确保人员安全,断开车辆电源,踩下驻车踏板,断开紧急维修开关,并通知专业维修人员进行处理。缓冲带快速通过时可能会导致蓄电池包发现刮碰。

(四)事故车辆存放规范

为确保事故车辆的安全维修与存放,当混合动力汽车及纯电动汽车出现以下情况时,需立即断开紧急维修开关,第一时间通知所属区域的区域售后经理、大区技术督导和负责对应车型的技术索赔部技术支持科,并拆卸动力蓄电池包。

1)车辆被水浸泡。

2)车辆已报漏电故障,经过检查最终确定为动力蓄电池包漏电。

3)车辆发生碰撞事故车身变形并导致驾驶室内进水或动力蓄电池托盘变形。

4)如车身因碰撞事故等原因出现变形且驾驶室有进水风险时,若受条件限制不能立即拆卸动力蓄电池包,则需要用防水车衣保护车辆,确保车辆内部不会进水,如图2-2-7所示。

图2-2-7 事故车辆存放规范

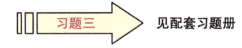

见配套习题册

项目三　典型混合动力汽车车型分析

任务一　混合动力汽车的基本结构

任务驱动

某新能源汽车 4S 店刚接到一辆比亚迪秦插电式混合动力汽车，该车在高速上发生了严重碰撞，整个动力传动系统已经变形损坏。你作为维修技术人员，请分析该混合动力汽车的动力传动系统的布置情况，并将你分析的资料形成文本，供技术人员进行资料共享。

教学目标

◎ **知识目标**
　1）了解混合动力汽车的分类和结构原理。
　2）掌握混合动力汽车串、并、混联结构原理。

◎ **技能目标**
　能针对混合动力汽车的各种工况分析动力传输路线。

◎ **德育目标**
　1）培养学生团队协作，互帮互助的利他意识。
　2）训练学生举一反三，具有动态思维主观能动性。

知识准备

　　DM 二代秦，针对功能失效、高压安全等方面所做的防范工作主要有电源极性反接保护、被动泄放、主动泄放、高压互锁、开盖检测、碰撞保护等，如图 3-1-1 所示。

　　电源极性反接保护：当因不当操作或其他原因导致比亚迪秦的高压产品的供电电压极性反转时，驱动电机控制器、DC/DC 变换器、动力蓄电池管理器均可保护自己不被烧坏。当此极性反转的电压去除掉后，这些电控产品均仍正常工作。

　　碰撞保护：当车辆发生碰撞时，动力蓄电池管理器检测到碰撞信号大于一定阀值时，会切断高压系统主回路的电气连接，同时通知驱动电机控制器激活主动泄放，从而可使车辆发生碰撞时的短路危险、人员电击危险降到最低。

　　主动泄放：驱动电机控制器中含有主动泄放回路，当检测到车辆发生较大碰撞或高压回路中某处插接器存在拔开状态或含有高压的高压电控部件存在开盖情况，可在 5s 内将高压回路直流母线电压泄放到 60V 以下，迅速释放危险电能，最大限度保证人员安全。

图 3-1-1　比亚迪秦混动高压安全防范项目

被动泄放：在含有主动泄放的同时，驱动电机控制器、空调驱动控制器等内部含有高压的高压电控部件同时设计有被动泄放回路，可在 2min 内将高压回路直流母线电压泄放到 60V 以下，被动泄放做为主动泄放失效的二重保护。

高压互锁：秦的高压互锁包括结构互锁和功能互锁。

结构互锁：秦的主要高压插接器均带有互锁回路，当其中某个接插件被带电断开时，动力蓄电池管理系统便会检测到高压互锁回路存在断路，为保护人员安全，将立即进行报警并断开主高压回路电气连接，同时激活主动泄放。

功能互锁：当车辆在进行充电或插上充电枪时，秦的高压电控系统会限制整车不能通过自身驱动系统驱动，以防止可能发生的线束拖拽或安全事故。

开盖检测：秦的重要高压电控产品具有开盖检测功能，当发现这些产品的盖子在整车高压回路连通的情况下打开时，会立即进行报警，同时断开高压主回路电气联接，同时激活主动泄放。

一、混合动力电动汽车的分类（QC/T 837—2010）

（一）按照动力系统划分

1. 串联式混合动力电动汽车（series hybrid electric vehicle）

车辆行驶系统的驱动力只来源于电机的混合动力电动汽车。

典型的结构特点是发动机带动发电机发电，电能通过电机控制器输送给电机，由电机驱动车辆行驶。另外，动力蓄电池可以单独向电机提供电能驱动车辆行驶。

2. 并联式混合动力电动汽车（parallel hybrid electric vehicle）

车辆行驶系统的驱动力由电机及发动机同时或分别单独供给的混合动力电动汽车。

典型的结构特点是并联式驱动系统可以单独使用发动机或电机作为动力源，也可以同时使用电机和发动机作为动力源驱动车辆行驶。

3. 混联式混合动力电动汽车（combined hybrid electric vehicle）

具备串联式和并联式两种混合动力系统结构的混合动力电动汽车。

典型的结构特点是可以在串联混合模式下工作，也可以在并联混合模式下工作，同时兼顾了串联式和并联式混合动力电动汽车的特点。

（二）按照混合度划分

1. 微混合型混合动力电动汽车（micro hybrid electric vehicle）

以发动机为主要动力源，电机作为辅助动力，具备制动能量回收功能的混合动力电动汽车。电机的峰值功率和总功率的比值小于10%。

仅具有停车怠速停机功能的汽车也可称为微混合型混合动力电动汽车。

2. 轻度混合型混合动力电动汽车（mild hybrid electric vehicle）

以发动机为主要动力源，电机作为辅助动力，在车辆加速和爬坡时，电机可向车辆行驶系统提供辅助驱动力矩的混合动力电动汽车。一般情况下，电机的峰值功率和总功率的比值大于10%。

3. 重度混合型混合动力电动汽车（full hybrid electric vehicle）

以发动机和电机为动力源，一般情况下，电机的峰值功率和总功率的比值大于30%，且电机可以独立驱动车辆正常行驶的混合动力电动汽车。

（三）按照外接充电能力划分

1. 外接充电型混合动力电动汽车（off-vehicle chargeable hybrid electric vehicle）

一种被设计成在正常使用情况下可从非车载装置中获取电能量的混合动力电动汽车。

仅当制造厂在其提供的使用说明书中或者以其他明确的方式推荐或要求进行车外充电时，混合动力电动汽车方可认为是"外接充电型"的。仅用作不定期的储能装置电量调节或维护目的而非用作常规的车外能量补充，即使有车外充电能力，也不认为是"外接充电型"的车辆。插电式混合动力电动汽车属于此类型。

2. 非外接充电型混合动力电动汽车（non off-vehicle chargeable hybrid electric vehicle）

一种被设计成在正常使用情况下从车载燃料中获取全部能量的混合动力电动汽车。

（四）按照行驶模式的选择方式划分

1. 有手动选择功能的混合动力电动汽车（hybrid electric vehicle with selective switch）

具备行驶模式手动选择功能的混合动力电动汽车。车辆可选择的行驶模式包括发动机模式、纯电动模式和混合动力模式三种。

2. 无手动选择功能的混合动力电动汽车（hybrid electric vehicle without selective switch）

不具备行驶模式手动选择功能的混合动力电动汽车。车辆的行驶模式根据不同工况自动切换。

（五）按照混合程度划分

根据在混合动力系统中，电机的输出功率在整个系统输出功率中占的比重，即两种动力的混合程度进行分类。

1. 轻混混合动力汽车

轻混混合动力系统采用了集成起动电机（Integrated Starter Generator，ISG）系统。该系统除了能够实现用发电机控制发动机的起动和停止，还能够实现：在减速和制动工况下，对部分能量进行吸收，以及在行驶过程中，发动机等速运转，发动机产生的能量可以在车轮的驱动需求和发电机的充电需求之间进行调整。轻混混合动力系统的混合度一般在20%以下。

2. 中混混合动力汽车

中混混合动力系统同样采用了ISG起动电机，但这类车型采用的是高压电机。大部分时间车辆由燃油发动机提供动力，电动机只起到辅助作用。而在某些情况（低速巡航）车辆能够单独使用电动机驱动汽车。这种系统的混合程度较高，可以达到30%。这也是我们平时比较常见的一类混合动力车型。

3. 重混混合动力汽车

重混混合动力系统中的发动机和电动机都能单独驱动车辆行驶。输出较高的电动机足以推动汽车进行中低速行驶，甚至是高速行驶。重混混合动力系统的混合度可以达到甚至超过50%。可以使用外部电源充电的插电式混合动力汽车（PHEV）一般可归为重混混合动力系统。

近些年，新能源车迅速发展，目前市面上比较常见的混合汽车大多属于中度以及重度混合动力系统，不过也有小部分采用轻混系统的车型，如凯迪拉克的XT5。而在动力的联结方式上，各个厂家都有自己的思路，当然了，避开各种专利也是采用不同方式的原因之一。

（六）其他划分形式

按照可再充电能量储存系统不同可以划分为以下类型：

1）动力蓄电池混合动力电动汽车（traction battery hybrid electric vehicle）。
2）超级电容器混合动力电动汽车（super capacitor hybrid electric vehicle）。
3）机电飞轮混合动力电动汽车（electromechanical flywheel hybrid electric vehicle）。
4）动力蓄电池与超级电容器组合式混合动力电动汽车（traction battery and super capacitor hybrid electric vehicle）。

混合动力电动汽车按照其技术特征、燃料类型、功能结构和车辆用途等因素还可有其他划分形式。

二、混合动力汽车的组成与原理

（一）串联式混合动力汽车

串联式混合动力系统一般由内燃机直接带动发电机发电，如图3-1-2所示，产生的电能通过控制单元传到蓄电池，再由蓄电池传输给电机转化为动能，最后通过变速机构来驱动汽车。也就是说，发动机并不直接驱动车辆行驶。串联式老款沃蓝达搭载了1.4L汽油发动机、主电动机以及辅助电动机。其中功率较大的主电动机主要用于驱动车辆，而功率较小的辅助电动机主要用于发电。

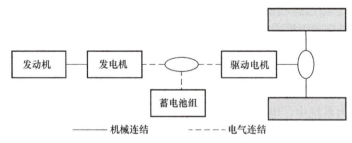

图3-1-2 串联式混合动力电动汽车原理图

1. 组成

串联式结构是由发动机、发电机和驱动电机三大主要部件总成组成。

2. 功用

1）发动机仅仅用于发电。
2）发电机发出的电能直接输送到电动机部分电能向电池充电。
3）驱动电机产生的电磁力矩驱动汽车行走。

在串联式混合动力汽车上，由发动机带动发电机所产生的电能和蓄电池输出的电能，共同输出到电机来驱动汽车行驶，电力驱动是唯一的驱动模式，如图3-1-3所示，串联式混合动力驱动系统较适合在大型客车上使用。

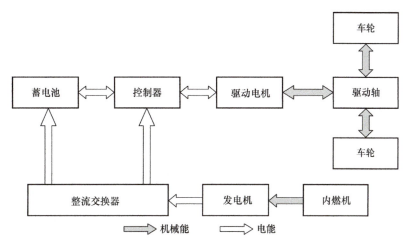

图 3-1-3 串联式混合动力电动汽车动力流程图

3. 特点

（1）优点

1）发动机能够经常保持在稳定、高效、低污染的运转状态，使有害排放气体控制在最低范围。

2）总体结构上看，比较简单，易于控制，只有电机的驱动系统，其特点更加趋近于纯电动汽车。

3）三大部件总成在电动汽车上布置起来，有较大的自由度。

（2）缺点

1）三大部件总成各自的功率较大，外形较大，质量也较大，在中小型电动汽车上布置有一定的困难。

2）另外在发动机—发电机—电机驱动系统中的热能—电能—机械能的能量转换过程中，能量损失较大。

（二）并联式混合动力汽车

并联式结构是由发动机、电机两大部件总成组成。并联式混合动力系统有两套驱动系统：传统的内燃机系统和电机驱动系统。两个系统既可以同时协同工作，也可以各自单独工作驱动汽车，这种系统适用于多种不同的行驶工况。

并联式混合动力电动汽车原理如图 3-1-4 所示，发动机和电机通过某种变速装置同时与驱动桥直接相联接。电机可以用来平衡发动机所受的载荷，使其能在高效率区域工作，因为通常发动机工作在满负荷（中等转速）下燃油经济性最好。当车辆在较小的路面载荷下工作时，内燃机车辆的发动机燃油经济性比较差，而并联式混合动力汽车的发动机此时可以被关闭掉而只用电机来驱动汽车，或者增加发动机的负荷使电机作为发电机，给蓄电池充电以备后用（即一边驱动汽车，一边充电）。因为并联式混合动力汽车在稳定的高速下发动机具有比较高的效率和相对较小的质量，所以它在高速公路上行驶具有比较好的燃油经济性。

并联式驱动系统有两条能量传输路线，可以同时使用电机和发动机作为动力源来驱动汽车，这种设计方式可以使其以纯电动汽车，或低排放汽车的状态运行，但是此时不能提供全部的动力能源，如图 3-1-5 所示。

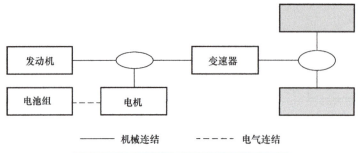

图 3-1-4 并联式混合动力电动汽车原理

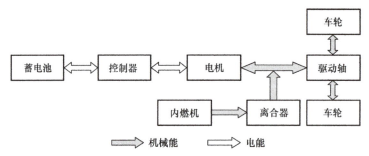

图 3-1-5 并联式混合动力电动汽车动力流程图

(三) 混联式混合动力汽车

混联式混合动力汽车原理图如图 3-1-6 所示，混联式驱动系统是串联式与并联式的综合。发动机发出的功率一部分通过机械传动输送给驱动桥，另一部分则驱动发电机发电。发电机发出的电能输送给电机或蓄电池，电机产生的驱动力矩通过动力复合装置传送给驱动桥。

混联式混合动力汽车动力流程图如图 3-1-7 所示，混联式混合动力系统的特点在于内燃机系统和电机驱动系统各有一套机械变速机构，两套机构通过齿轮系或采用行星轮结构结合在一起，从而综合调节内燃机与电机之间的转速关系，与并联式混合动力系统相比，混联式动力系统可以更加灵活地根据工况来调节内燃机的功率输出和电机的运转。但相对来说，结构也更加复杂。

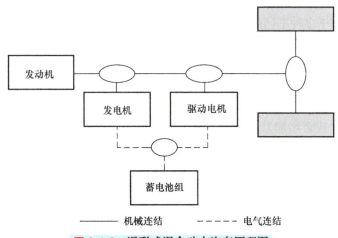

图 3-1-6 混联式混合动力汽车原理图

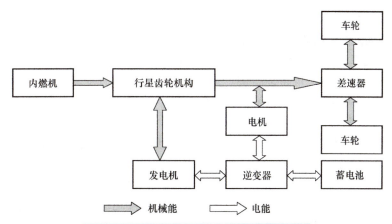

图 3-1-7　混联式混合动力汽车动力流程图

混联式驱动系统的控制策略是，在汽车低速行驶时驱动系统主要以串联方式工作，当汽车高速稳定行驶时以并联工作方式为主。

混合动力汽车串、并、混联式三种结构对比见表 3-1-1 和表 3-1-2 所示。

表 3-1-1　混合动力汽车类型的比较（一）

性能	串联式	并联式	混联式
公路行驶燃油经济性	较优	优	优
城市行驶燃油经济性	优	较优	优
无路行驶燃油经济性	较优	优	优
低排放性能	优	较优	较优
成本	低	较低	较低
复杂程度	简单	较复杂	复杂
控制难易程度	简单	较复杂	复杂

表 3-1-2　混合动力汽车类型的比较（二）

结构模型	串联式	并联式	混联式
动力总成	发动机、发电机、驱动电动机等三大动力总成	发动机、电机两大动力总成	发动机、电动机/发电机、电动机等三大动力总成
驱动模式	电机是唯一的驱动模式	发动机驱动模式、电机驱动模式、发动机-电机混合驱动模式	发动机驱动模式、电机驱动模式、发动机-电动机混合驱动模式、电动机-电动机混合驱动模式
传动效率	较低	较高	较高
制动能量回收	能够回收制动能量	能够回收制动能量	能够回收制动能量
整车总布置	三大动力总成之间没有机械式连接装置，结构布置的自由度较大，但三大动力总成的质量、尺寸都较大，一般在大型车辆上采用	发动机驱动系统保持机械式传动系统，发动机与电机两大动力总成之间被不同的机械装置连接起来，结构复杂，使布置受到一定的限制	三大动力总成之间采用机械装置连接，三大动力总成的质量、尺寸都较小，能够在小型车辆上布置，使结构更加紧凑
使用条件	适用于大型客车或货车，适应在路况较复杂的城市道路和普通公路上行驶，更加接近电动汽车性能	适用于中小型汽车，适应在城市道路和高速公路上行驶，接近普通的内燃机汽车性能	适用于各种类型的汽车，适应在各种道路上行驶，更加接近普通的内燃机汽车性能

混合动力电动汽车与纯电动汽车比较：

1）由于有原动机作为辅助动力，蓄电池的数量和质量可减少，因此汽车自身重量可以减小。

2）汽车的续驶里程和动力性可达到内燃机的水平。

3）借助原动机的动力，可带动空调、真空助力、转向助力及其它辅助电器，无需消耗蓄电池组有限的电能，从而保证了驾车和乘坐的舒适性。

混合动力电动汽车与内燃机汽车比较：

1）可使原动机在最佳的工况区域稳定运行，避免或减少了发动机变工况下的不良运行，使得发动机的排污和油耗大为降低。

2）在人口密集的商业区、居民区等地可用纯电动方式驱动车辆，实现零排放。

3）可通过电动机提供动力，因此可配备功率较小的发动机，并可通过电动机回收汽车减速和制动时的能量，进一步降低了汽车的能量消耗和排污。

习题一　　见配套习题册

任务二　混合动力汽车的动力部件

任务驱动

某高校刚刚成立新能源汽车专业，你作为专业维修技师，请对该校的专业课老师进行混合动力汽车动力部件技术培训。

教学目标

◎ 知识目标

1）了解混合动力汽车阿特金森发动机的结构原理。

2）掌握本田的 i-MMD 系统工作原理。

3）熟悉比亚迪秦混合动力汽车的变速箱结构原理。

4）熟悉比亚迪秦混合动力汽车的电机结构原理。

◎ 技能目标

1）能针对混合动力汽车的各种工况分析主流车型的动力传输路线。

2）能实车分析比亚迪秦混合动力汽车变速器位置及组成部件。

3）能分析比亚迪秦混合动力汽车变速器的档位传递线路图。

4）能实车分析比亚迪秦混合动力汽车电动机位置及组成部件。

◎ 德育目标

1）培养具有民族精神的社会公民，树立健全人格，适应未来发展需求。

2）培养广泛学习、勤于思考的良好习惯。

3）培养不抛弃不放弃的团队协作精神。

4）培养良好的逻辑思维能力和知识迁移能力。

知识准备

我们通过一些实例,来看看目前主流的混合动力汽车都采用了怎样的配置。

一、丰田混合动力总成

在 20 年前,其他车企在专注传统汽车技术的时候,丰田汽车已经开始混动技术的研究并不断完善中。1997 年丰田汽车在日本市场推出第一代普锐斯,同时第一代 THS 系统面世,第一代 THS 动力框架图如图 3-2-1 所示。第一代普锐斯的推出也揭开了近代油电混动发展的序幕。

第一代普锐斯所搭载的 THS-Ⅰ结构非常简单,第一代 THS 结构图如图 3-2-2 所示,通过行星排机构将发动机和电机的动力进行了耦合,使得三个部件相互配合高效工作,提高燃油经济性。

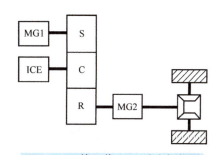

图 3-2-1　第一代 THS 动力框架图

S—中央太阳轮　C—行星齿轮架　R—外圈齿轮
MG1 和 MG2—电动发电机　ICE—内燃机

MG1,交流永磁同步电机,在启动 ICE 时用作电动机,在为高压蓄电池充电时用作发电机(交流发电机);MG2,交流永磁同步电机,用作主驱动电机和发电机(交流发电机),制动能量回收时用作发电机给蓄电池充电。

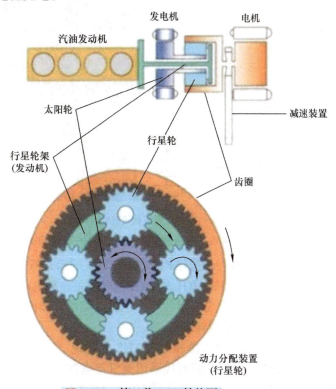

图 3-2-2　第一代 THS 结构图

2003年，丰田发布了第二代普瑞斯搭载THS-Ⅱ，第二代THS系统进一步提高了效率，控制算法上进行了修改。2代系统相对于1代THS在结构上只是小调节，如图3-2-3所示。相对于第一代，第二代改为高压电子空调，蓄电池母线从201V升为500V。

图3-2-3　THS-Ⅰ和THS-Ⅱ对比

前两代THS系统在燃油经济性上有很大的成就，但动力性，加速能力却稍显不足。2009年，丰田发布了第三代普瑞斯并搭载THS-Ⅲ弥补了这一缺憾，第三代系统相对于前两代THS进行了大的变革，做了很多优化改进，结构图如图3-2-4所示。

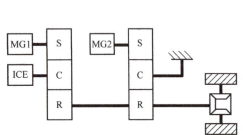

图3-2-4　第三代THS结构图

S—中央太阳轮　C—行星轮架　R—外圈齿轮　MG1和MG2—电动发电机　ICE—内燃机

在混动变速器结构上采用双行星排结构，如图3-2-5所示，两行星排共用齿圈，相对于前两代增加了一组减速行星排，以降低MG1和MG2的转速差，纯电动模式的行驶速度可以更高；MG1和MG2的体积缩小了，整个变速器的尺寸也得以缩小，如图3-2-6所示；原来的链条减速传动改成了齿轮减速传动，传动损耗降低。

除了结构上的变化外，THS-Ⅲ系统相对于THS-Ⅱ系统，发动机改为1.8L，发动机输出功率由57kW提升到了73kW；相对于前两代采用镍氢蓄电池，THS-Ⅲ系统采用锂离子蓄电池；MG1采用集中绕组，工作电压由500V提升到650V，MG2最高转速由6500提升至13000r/min，功率由50kW提升到了60kW。

项目三 典型混合动力汽车车型分析

图 3-2-5 THS-Ⅲ双行星排结构

图 3-2-6 THS-Ⅱ和THS-Ⅲ电机、减速机构对比

2016年，丰田推出了第四代混合动力系统，框架图如图 3-2-7 所示。变速结构和牵引电机经过重新设计，减轻了总重量。牵引电机本身更加紧凑，并且具有更高的比功率。与之前相比，由于摩擦导致的机械损失减少了 20%。

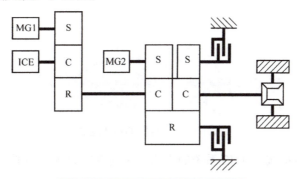

图 3-2-7 第四代 THS 动力框架图

S—中央太阳轮 C—行星轮架 R—外圈齿轮 MG1 和 MG2—电动机/发电机 ICE—内燃机

电机减速装置将牵引电机直接连接到动力分配装置，结构图如图 3-2-8 所示，然后连接到车轮改为平行齿轮。原来的电机属于串联机构，现在则变成了平衡轴结构，这使得变速器更短，如图 3-2-9 所示，轴向尺寸要求得以降低。一系列的改进，让第四代普瑞斯的纯电行驶极速从 70km/h 上升至 110km/h。

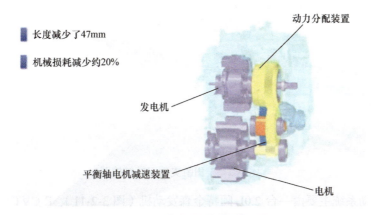

图 3-2-8 第四代 THS 结构图

图 3-2-9 第四代 THS 变速器

以大家最为熟悉的搭载了 THS 系统的丰田凯美瑞双擎为例，如图 3-2-10 所示，对其结构进行剖析。

图 3-2-10 丰田凯美瑞双擎结构图

凯美瑞的混动系统主要由一台 2.0L 阿特金森发动机（图 3-2-11）、E-CVT 变速器、双电机、PCU 组成，该系统名为 THS-Ⅱ，属于混联式混动系统。

图 3-2-11 阿特金森发动机活塞内部结构图

（一）阿特金森发动机

阿特金森发动机的主要特点就是膨胀比大于压缩比，这样会使发动机的做功行程更长，对于燃油的利用率更高，如图 3-2-12 所示。

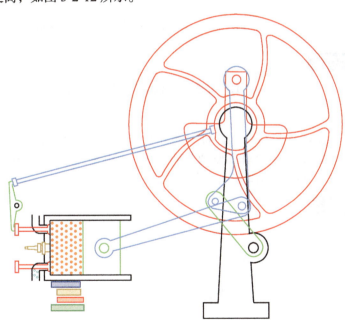

图 3-2-12 阿特金森发动机原理图

在发明阿特金森循环发动机的初期，这样的工作方式是通过复杂的连杆协作实现的，而发展到今天，过于复杂的结构显然已经不再适合工业的发展趋势，于是现在大部分车的做法是采用了延长气门关闭时间的方式使吸入的空气排出去一部分，从而实现膨胀比大于压缩比的效果。避免过高的压缩比所带来的爆燃等负面效果，同时提高膨胀比，延长发动机的做功行程，实现省油的最终目的。

（二）THS-Ⅱ系统

THS-Ⅱ系统最核心的部件就是由两台永磁同步电机及行星轮机构组成的动力分配系统。

THS-Ⅱ系统中带有两台电动机——MG1 和 MG2。MG1 主要用于发电，以及作为起动电机使用。而 MG2 主要用于驱动汽车。MG1、MG2 以及发动机输出轴被连接到一套行星轮机构的太阳轮、齿圈和行星架上。动力分配就是通过功率控制单元控制 MG1 和 MG2 电机，通过行星轮机械机构进行分配的。在这种结构下，发动机输出经过固定减速机构减速后直接驱动车轮，THS-Ⅱ系统驱动模式如下。

1. 低速状态

在低速行驶时，电动机的工作效率更高，在低速行驶时，系统会使用纯电动驱动车辆。当然了，这是在蓄电池组电量充足的情况下才能实现的。该模式下，蓄电池组的电力带动 MG2 运转，从而驱动车轮，如图 3-2-13 所示。

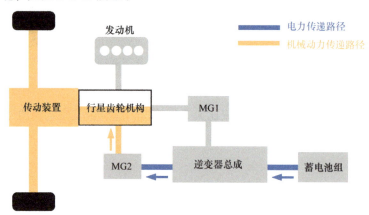

图 3-2-13　THS-Ⅱ系统低速状态能量传递线路图

2. 混动模式

在混动模式下，发动机起动介入，将一部分动力用作驱动车辆，而另一部分则传输给 MG1，MG1 成为发电机带动 MG2 辅助驱动车辆行驶。而电量充足时，蓄电池组也会将剩余电量用作驱动 MG2 运转，如图 3-2-14 所示。

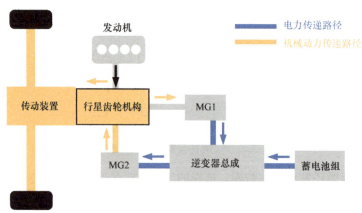

图 3-2-14　THS-Ⅱ系统混动模式能量传递线路图

3. 能量回收

当车辆减速或者滑行时，车辆会带动 MG2，此时 MG2 便由驱动电机转换为发电机，将车辆减速产生的能量转化为电能，并储存在蓄电池中。此外，在发动机输出过剩时，发动机也会通过 MG1 使多余的电量存储到电池中，以备需要时使用，如图 3-2-15 所示。

项目二 典型混合动力汽车车型分析 | 59

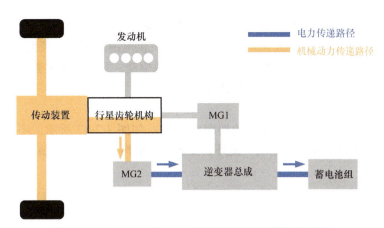

图 3-2-15　THS-Ⅱ系统能量回收模式能量传递线路图

见配套习题册

二、本田混合动力总成

本田的 i-MMD 系统与丰田 THS-Ⅱ系统最大的区别之一，就在于 i-MMD 系统是可以使用发动机单独驱动车辆的。这是由于，本田 i-MMD 系统采用了并联式混动系统，如图 3-2-16 所示。在结构上，丰田要更加复杂，换句话说，本田的 i-MMD 系统在工作时是在不断切换动力来源，而丰田的 THS-Ⅱ则是在不断地调整各个动力来源的混合比例。

图 3-2-16　本田混动轿车

以雅阁混动版为例，该车搭载了由一台 2.0L 阿特金森循环发动机、发动机直联式离合器、双电机、PCU（Power Control Unit）功率控制单元构成的系统，该系统各个部件之间采用固定的齿比连接，不需要变速机构，而且发动机可以直接驱动车辆前进，进一步减少了能量损失。

在驱动模式上,本田也与大多数混动车型不同。i-MMD 系统摒弃了发动机和电机同时驱动车轮的模式,它的三种模式分别是纯电动、依靠发动机供电的纯电动以及发动机驱动。也就是说,i-MMD 的真正的驱动模式只有两种,电动和发动机驱动,只不过大多数时间发动机也运转,但运转只是给电机提供电力而已,并不提供动力。

(一)低速模式(纯电动)

在低速状态下,车辆会采用纯电动的驱动方式,如图 3-2-17 所示,不同的是,本田的 i-MMD 系统更倾向于采用纯电动驱动,此外其配备的电机性能也更加强劲,可以应付更多的使用场景。

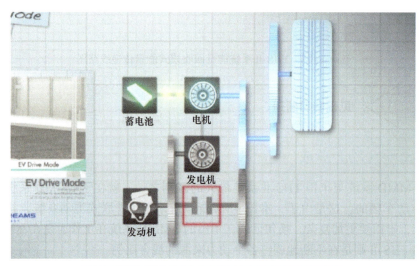

图 3-2-17　i-MMD 系统低速模式能量传递线路图

(二)发动机介入

而在电量不足和动力需求较高的情况下,i-MMD 依旧采用了电机单独驱动的方式,此时发动机会启动,如图 3-2-18 所示但并不参与驱动,它所做的只是供电给驱动电机,再通过电机来驱动车辆,而多余的能量也会存储到蓄电池组中。

图 3-2-18　i-MMD 系统混动模式能量传递线路图

(三)发动机单独驱动

此外,i-MMD 还能够单独使用发动机驱动车辆,这种情况多出现在高速巡航的状况下,在高速状态下,发动机的效率要高于电机,因此此时离合器结合,发动机直接驱动车轮,如图 3-2-19 所示,这时的车辆其实就是一台普通的燃油车,发动机直联的方式也有效减少动力转换时产生的能量损耗。

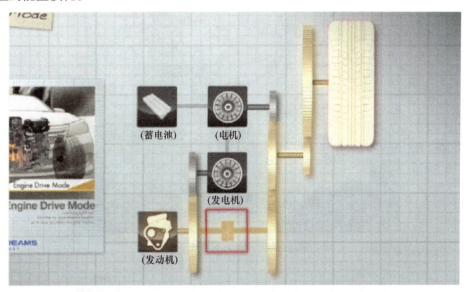

图 3-2-19 i-MMD 系统发动机单独驱动模式能量传递线路图

习题三 见配套习题册

三、比亚迪混合动力总成

(一)动力总成介绍

1. 概述

比亚迪秦采用二代 DM 双模动力系统,如图 3-2-20 所示,带有一个 1.5T 涡轮增压发动机和一个 110kW 电动机。发动机和电机共同输出能够实现 223kW 最大功率及 440N·m 最大转矩的输出,纯电动续航里程达到 50km。因为储能的蓄电池位于车辆行李舱位置,所以后排座椅不能放倒且储物空间稍微缩小了。秦作为一款插电式混合动力汽车,能够采用 220V 市电对车辆充电,非常方便。在行李舱还附带了一个便携式充电器,秦就像一件大家电,即插即用。

知识拓展 HEV 工作模式切换

二代 DM 混合动力总成技术是比亚迪在一代 DM 技术(搭载于 F3DM)基础上,整合目前比亚迪最先进技术:TI 发动机、DCT 变速器、高转速电机、电机控制器集成、分布式电源管理、高安全铁电池(磷酸铁型蓄电池)进行开发的,如图 3-2-21 所示。此套系统已申请包括蓄电池、电机及电源控制在内的共 102 项国家专利,其中发明专利 79 项,实新专利 22 项,在发动机、

8-HEV 工作模式切换

电机、电控、蓄电池、电源管理等关键技术上都有了质的飞跃。

图 3-2-20　秦动力总成实物

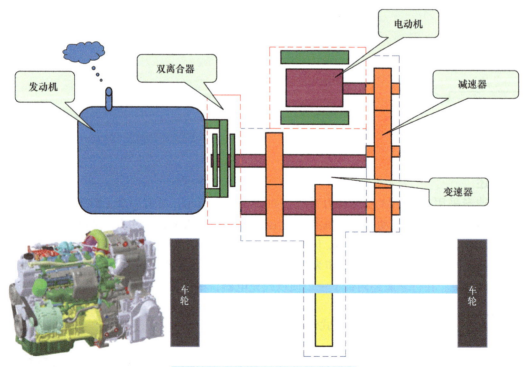

图 3-2-21　秦动力系统原理示意图

比亚迪秦搭载的二代 DM 技术有四种工作模式，即 EV+ECO、EV+SPORT、HEV+ECO、HEV+SPORT 四种模式。尤其在 HEV+ECO 模式下（不同工况下，进行不同的动力分配，达到最佳综合经济性。）可实现自由切换。当起步速度在 40km/h 以下时，由纯电力驱动；当速度大于 40km/h 时，发动机处于经济油耗区时（1500～3500r/min），由燃油驱动；加速、爬坡时，发动机转速逐渐上升，电机响应快于发动机，在发动机脱离经济油耗区前响应，辅助发动机，使发动机保持在经济油耗区内。

搭载二代 DM 技术的比亚迪秦在经济性、动力性、操控性、稳定性以及安全性等方面表现更好。秦动力传递路线图如图 3-2-22 所示，二代 DM 的百公里综合油耗从 2.7L 降至 2L，纯电状态下更是实现了真正的零油耗、零排放。高功率、高转速电机 +1.5TID 黄金动力组合组成，使秦的最高时速达到了 185km/h，0—100km/h 加速时间仅为 5.9s，达到了前驱车的极限。变速器提升至 6 档，不仅提升了操控性，而且有助于调整转速，使之控制在经济油耗区内。

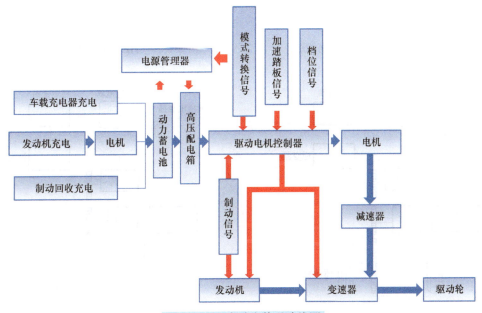

图 3-2-22　秦动力传递路线图

2. 秦动力总成工作模式

1）EV 工作模式下，如图 3-2-23 所示，动力蓄电池提供电能，以供电机驱动车辆，可以满足各种工况行驶，如起步、倒车、怠速、急加速、匀速行驶。

2）HEV 工作模式，如图 3-2-24 所示，手动将 EV 模式切换到 HEV 模式后，车辆由发动机和电机共同驱动，实现了最佳的动力性，但仍能保证混合动力系统具有良好的经济性。

3）SOC 偏低工作模式，如图 3-2-25 所示，系统从 EV 模式自行切换到 HEV 模式，使用发动机驱动，在车辆以较稳定的速度行驶时，发动机输出的一部分转矩会驱动电机进行发电，对动力蓄电池进行充电。

4）当高速行驶或高压系统故障时，如图 3-2-26 所示，可单独使用发动机驱动，实现了高压系统的独立性。

（二）变速器总成

在发动机和电机之间，不再是简单的离合器，而是加上了比亚迪自己的双离合变速器，如图 3-2-27 所示。这样就解决了比亚迪一代 DM 发动机噪声大舒适性差的弱点，同时还有非常好的性能。其变速的工作原理如图 3-2-28 所示，其换档拨叉如图 3-2-29 所示。

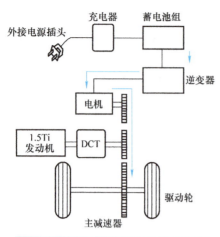

图 3-2-23　EV 模式动力传递路线图

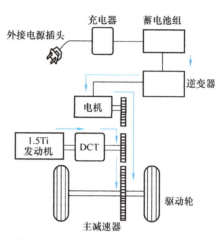

图 3-2-24　HEV 模式动力传递路线图

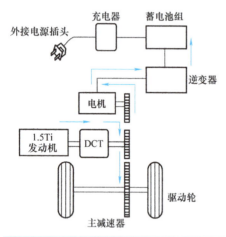

图 3-2-25　SOC 偏低模式动力传递路线图

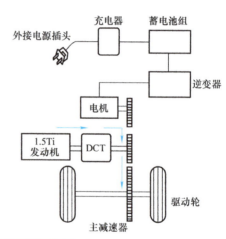

图 3-2-26　高速和高压故障模式动力传递路线图

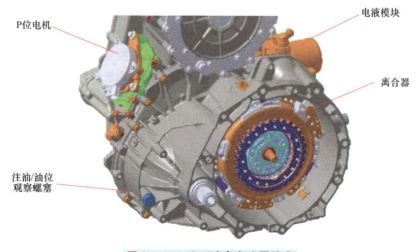

图 3-2-27　比亚迪秦变速器总成

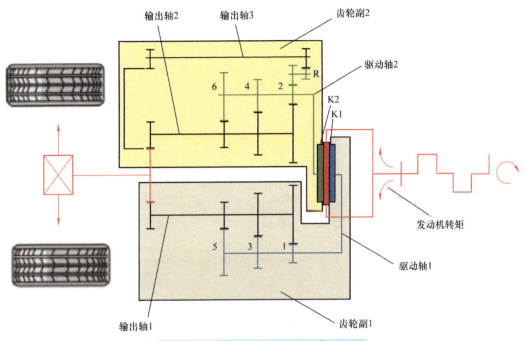

图 3-2-28　比亚迪秦变速器工作原理图

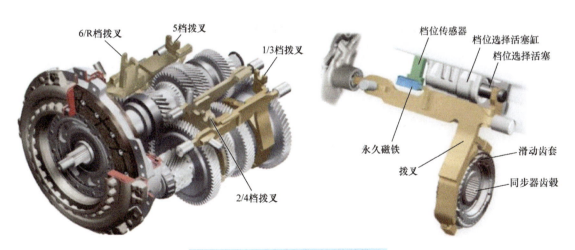

图 3-2-29　比亚迪秦变速器换档拨叉

变速器通过液压活塞推动拨叉工作，拨叉上的档位传感器信号磁铁移动，以使变速器电脑获得当前档位位置指令换档。其1、2、3、4、5、6、倒挡分别如图3-2-30~图3-2-36所示。

在更换变速器润滑油时拧开变速器放油螺栓，变速器润滑油型号为嘉实多Syntrans BYD 75W，用量1.8L，放油螺栓位置如图3-2-37和图3-2-38所示。

（三）K1、K2双离合器

离合器结合步骤有液压触动、压缩运动、拉近运动、压紧结合。比亚迪秦双离合器结构图如图3-2-39所示。

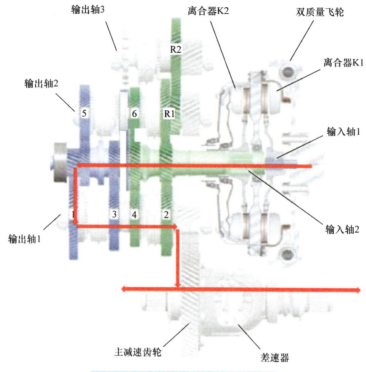

图 3-2-30　变速器 1 档传动线路图

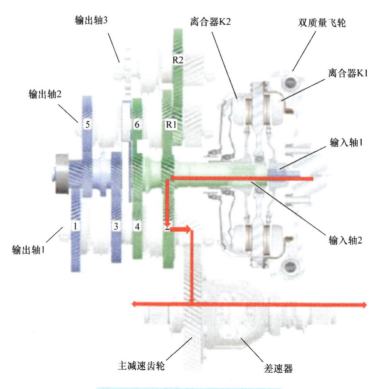

图 3-2-31　变速器 2 档传动线路图

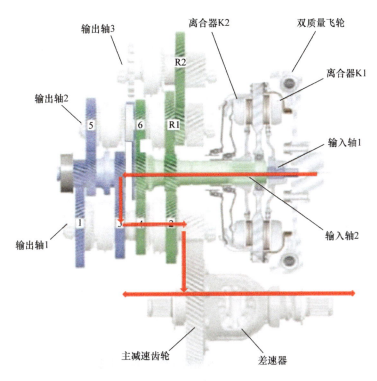

图 3-2-32 变速器 3 档传动线路图

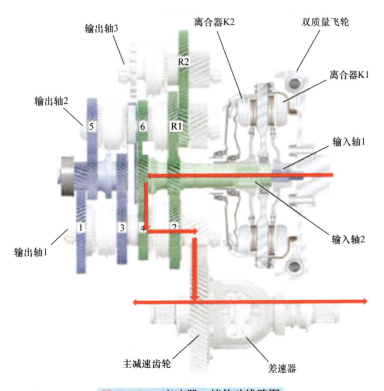

图 3-2-33 变速器 4 档传动线路图

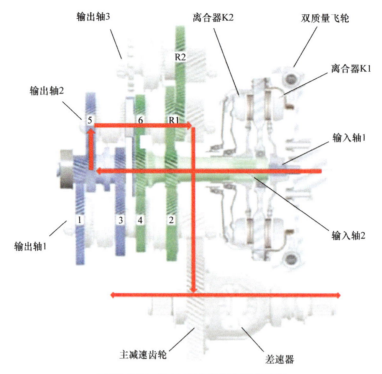

图 3-2-34　变速器 5 档传动线路图

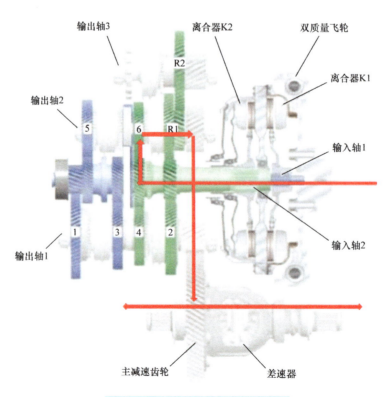

图 3-2-35　变速器 6 档传动线路图

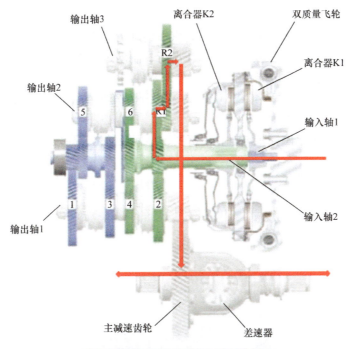

图 3-2-36　变速器倒档传动线路图

图 3-2-37　变速器放油螺栓位置图

图 3-2-38　变速器加油螺栓位置图

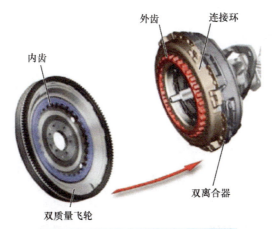

图 3-2-39　比亚迪秦双离合器结构图

(四)电机

电机由外圈的定子与内圈的转子组成,是汽车的动力源之一,向外输出转矩,驱动汽车前进后退;同时也可以作为发电机发电,例如在滑行、制动过程中以及发动机输出的额外转矩的势能或者动能通过电机转化为电能存储。电机外部零件图如图3-2-40所示。

电动机工作参数:最大功率40kW(在EV模式下是车辆的主动力源);额定功率:40kW;最大转速:10000r/min;最大扭距:200N·m。

电动机的特点:交流永磁同步电机;高密度、小型轻量化、高效率;高可靠性、高耐久性、强适应性。

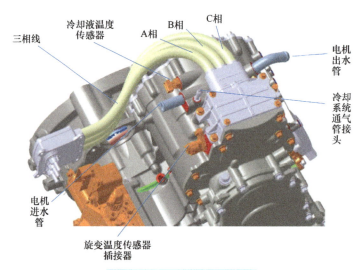

图3-2-40 电机外部零件图

1. 电机内部零件图

1)电机内部零件中电机定子结构图如图3-2-41所示。

2)电机内部零件中电机转子结构图如图3-2-42所示。

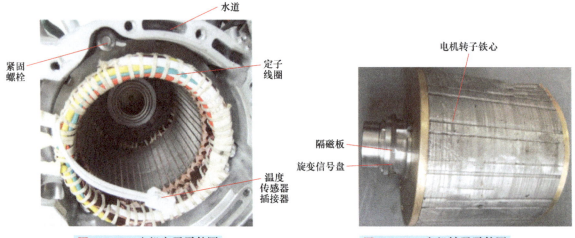

图3-2-41 电机定子零件图　　图3-2-42 电机转子零件图

3）电机内部零件中旋转变压器结构图如图 3-2-43 所示。旋转变压器（简称旋变）是一种输出电压随转子转角变化的信号元件。当励磁绕组以一定频率的交流电压励磁时，输出绕组的电压幅值与转子转角成正、余弦函数关系，这种旋转变压器又称为正余弦旋转变压器；旋转变压器作为速度及位置检测，可以反馈给控制器进行监测，来准确控制电机的转速及位置。旋转变压器由旋变线圈、信号盘组成。

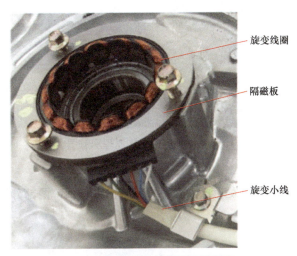

图 3-2-43　旋转变压器结构图

2. 电机工作原理

使用的电机为交流无刷永磁同步电机，通过采集电机旋变信号进行工作。当车辆要行驶时，电机通过旋转变压器检测到电机的位置，位置信号通过控制器的处理，发送相关信号给控制器 IGBT，逻辑信号控制 IGBT 开断，控制器输出近似正弦波交流电。电机工作电路图如图 3-2-44 所示，其工作原理图如图 3-2-45 所示。

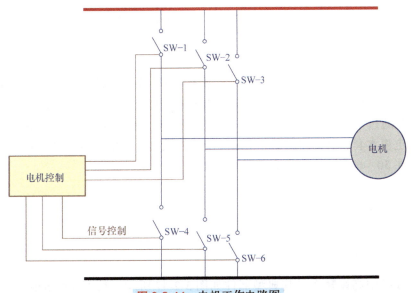

图 3-2-44　电机工作电路图

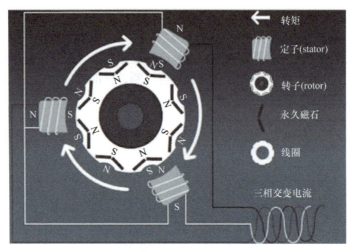

图 3-2-45 电机工作原理示意图

(五) 冷却系统

秦动力系统中的冷却系统由发动机冷却系统和电机冷却系统两部分组成。冷却系统结构图如图 3-2-46 所示。

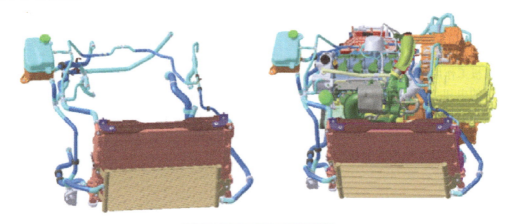

图 3-2-46 冷却系统结构图

发动机冷却系统与传统涡轮增压车型冷却系统一样，系统冷却液温度一般在 90～100℃ 之间，允许最高温度为 110℃。电机冷却系统采用了第三套独立的冷却系统，用于电机与电机控制器的冷却，是通过单独的电动水泵驱动冷却液实现的独立循环系统。它由散热器、电子风扇、水管、水壶、电机水套、电机控制器、水泵（安装在散热器立柱上的电动水泵）组成。系统冷却液温度一般在 50～60℃，允许最高温度为 75℃。

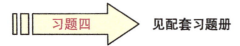 见配套习题册

四、吉利混合动力总成

博瑞 GE B 级中高端轿车，其典型部件如图 3-2-47 所示，长度 4986mm，宽度 1861mm，高度 1513mm，轴距 2870mm，有两种混合动力系统和插电式混合动力系统两种动力系统，代

表科技、动力、设计的新趋势。

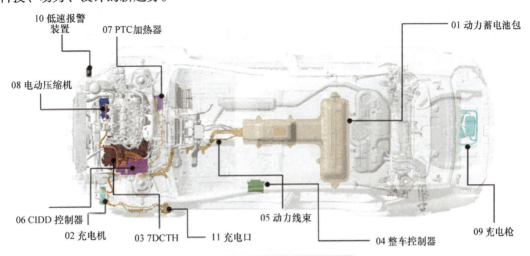

图 3-2-47　整车典型部件布置图

2020 款博瑞 GE 将提供三种满足国六排放标准的动力，包括 1.5T MHEV 轻混、1.8T 燃油及 1.5T PHEV 插混，其 1.8TD 发动机曾荣获"中国芯"十佳发动机大奖，三者最大功率分别为 193 马力（1 马力 = 735.5W）、184 马力和 261 马力。传动系统方面，与 1.8T 发动机匹配的是 6 速手自一体变速器，而与轻混/插混车型的 1.5T 发动机匹配的则是 7 速双离合变速器。此外，1.5T PHEV 插混车型匹配 11.3kWh 容量蓄电池组，纯电模式续驶里程可达 60km。

2020 款博瑞 GE 将继续搭载吉利智擎混动技术，该系统以吉利和沃尔沃联合研发的 1.5TD+7DCT 黄金动力为基础，提供了分别搭载轻度混合动力的 MHEV 和搭载插电混合动力的 PHEV 两个版本车型。

MHEV 车型在 48V BSG 电机的辅助下，让整车拥有 142kW，300N·m 的强大动力性能，0—100kW/h 加速 8.9s。此外，48V BSG 轻混系统，具有发动机起停、智能起停、智能航行、智能充电、智能制动能量回收等功能。

PHEV 车型采用了自主研发的 P2.5 架构的车型，其动力系统布置图如图 3-2-48 所示，配合 11.3kW·h 超高容量三元锂蓄电池，系统综合功率达到 192kW，最大转矩可达 425N·m，纯电续驶里程高达 60km，0—100km/h 加速仅 7.4s，最快充电时间仅 1.5h。

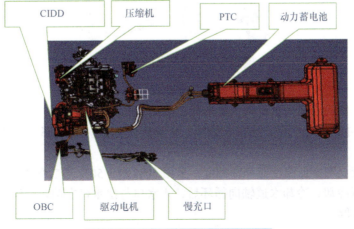

图 3-2-48　PHEV 动力系统布置图

其配备了永磁同步交流电机,如图 3-2-49 所示,应用于 7DCTH 平台的驱动电机。当定子绕组中通入交流电产生旋转磁场,且转子内置磁钢具备固定磁极,旋转磁场通过磁场力的作用从而使转子旋转,从而实现了由电能转化为机械能对外做功的功能,内部结构如图 3-2-50 所示。

图 3-2-49　永磁同步交流电机外型结构

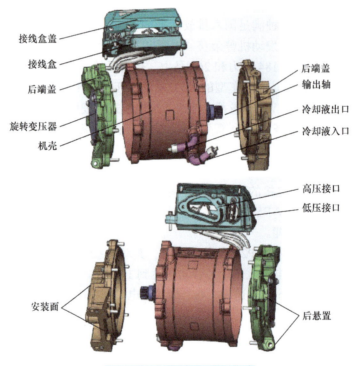

图 3-2-50　驱动电机结构图

端盖、机壳：采用压铸铝方案,重量轻,导热好。

散热水路：压铸铝水道,重量轻,成本低,散热性好。

电机：永磁同步电机,定子分布式绕组,V 形转子拓扑。高效率、高功率密度,优异的 NVH。

电机冷却系统：考虑低温性能和黏稠度,采用 50% 水、50% 乙二醇作为冷却液,通过冷却液对驱动电机进行冷却；冷却水道轴向循环后,入水口与出水口在前端盖附近闭合,使电机出入水口温度降至最低。

任务三　混合动力汽车的低压电器

任务驱动

比亚迪新能源汽车 4S 店接到一台比亚迪秦插电式混合动力故障车，该车在停车库停了一个晚上后无法起动，维修人员现场故障诊断，发动机和高压系统都没有发现故障。请排除此车的低压系统故障。

教学目标

◎ **知识目标**

1）掌握比亚迪秦混合动力汽车的电路图识读方法。
2）熟悉比亚迪秦混合动力汽车的低压控制双路电原理。
3）掌握比亚迪秦混合动力汽车的低压电源系统工作原理。
4）掌握比亚迪秦混合动力汽车的 12V 低压铁电池工作原理及充电方法。
5）熟悉辨别比亚迪秦混合动力汽车的常见故障警告灯。
6）熟悉比亚迪秦混合动力汽车灯光系统结构及工作原理。

◎ **技能目标**

1）能准确地在实车上指出混合动力汽车低压电器的位置并说出功能。
2）能分析混合动力汽车低压电器部件相对应的电路控制原理图并对照整车指出实物。
3）能正确搭电起动比亚迪秦混合动力汽车。
4）能排除比亚迪秦混合动力汽车的低压电器故障。

◎ **德育目标**

1）培养学生不抛弃不放弃的团队协作精神。
2）培养学生潜心研究的工匠精神。
3）培养学生面对困难不退缩、积极主动找办法的敬业精神。
4）培养学生在检修过程中应具有的诚实守信的良好职业操守。
5）培养学生重视检修规范和应具有的安全环保意识。

知识准备

比亚迪秦作为二代 DM 混合动力汽车，电器部分主要分为高压和低压两大系统，其中低压系统中，与传统燃油车相比主要有以下四大差别：

1）整车线束及配电——集成化、连接复杂。
2）整车网络及通信——交互多、信息量大。
3）整车电源系统设计——双模式、三电源。
4）整车空调系统——制冷及采暖均有大变化。

比亚迪秦的低压系统有三个电源，分别为 12V 铁电池、DC/DC 变换器、发电机。秦的低压电器包括低压电源系统、智能钥匙系统、组合仪表、灯光系统、记忆系统、多媒体系统、驻车辅助系统、全景影像、云服务、网关等。前舱低压电器位置图如图 3-3-1 所示,驾驶舱低压电器位置图如图 3-3-2 所示,顶棚低压电器位置图如图 3-3-3 所示,行李舱低压电器位置图如图 3-3-4 所示。

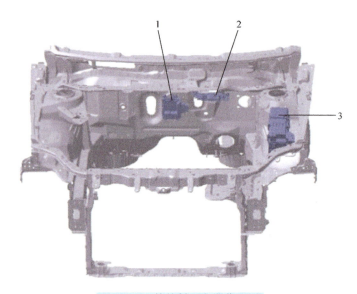

图 3-3-1　前舱低压电器位置图

1—TCU 电机电源模块　2—电喷 ECU　3—前舱配电盒

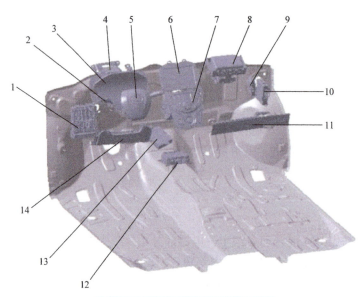

图 3-3-2　驾驶舱低压电器位置图

1—仪表板配电盒（集成 BCM 模块）　2—组合开关　3—组合仪表　4—全景影像 ECU　5—DAB
6—多媒体显示屏　7—多媒体主机（包含空调控制面板）　8—PAB　9—网关　10—I-KEY ECU
11—前排乘员膝部安全气囊　12—SRS ECU　13—空调控制器　14—驾驶人膝部安全气囊

项目三　典型混合动力汽车车型分析

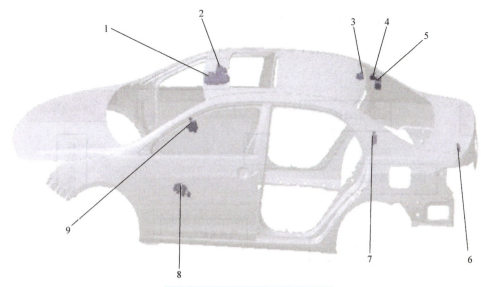

图 3-3-3　顶棚低压电器位置图

1—前室内灯　2—天窗电机　3—后室内灯　4—天线放大器　5—胎压模块　6—驻车辅助模块
7—高频接收模块　8—左前门控制 ECU　9—右前门控制 ECU

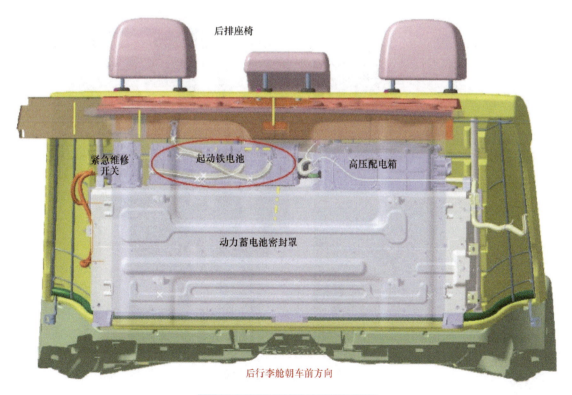

图 3-3-4　行李舱低压电器位置图

一、低压电源系统

比亚迪秦低压电源系统结构图如图 3-3-5 所示。

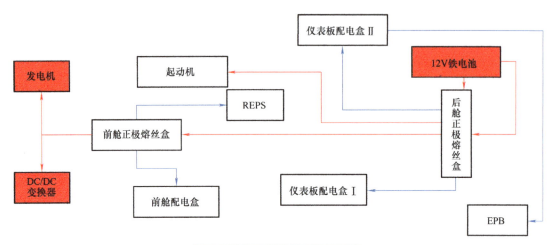

图 3-3-5　低压电源系统结构图

比亚迪秦前舱正极熔丝盒如图 3-3-6 所示。

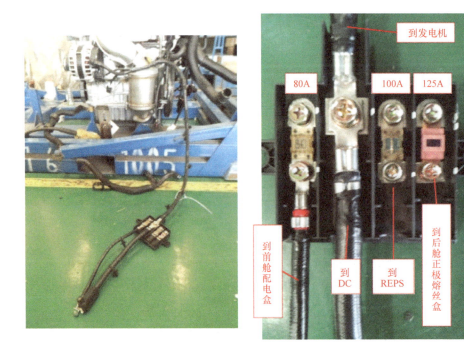

图 3-3-6　前舱正极熔丝盒

比亚迪秦正极线束车底走向图如图 3-3-7 所示。

图 3-3-7 正极线束车底走向图

比亚迪秦后舱正极熔丝盒如图 3-3-8 所示。

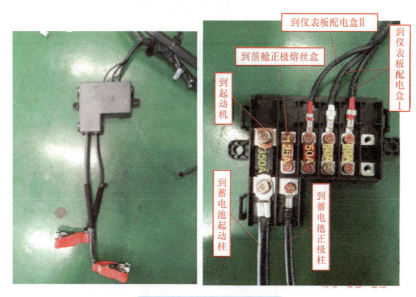

图 3-3-8 后舱正极熔丝盒

习题五 见配套习题册

> 知识拓展　秦 HEV 低压配电走向

9- 秦 HEV 低压配电走向

二、12V 低压铁电池

12V 低压铁电池作为整车电子设备低压电的来源在整车上至关重要。为保证整车低压系统的正常运行，整车设计应尽量保证低压铁电池不会亏电，故在传统的设计上增加了智能充电系统，保证低压铁电池不会亏电。

12V 低压铁电池位于行李舱，其结构图如图 3-3-9 所示，其标识图如图 3-3-10 所示。

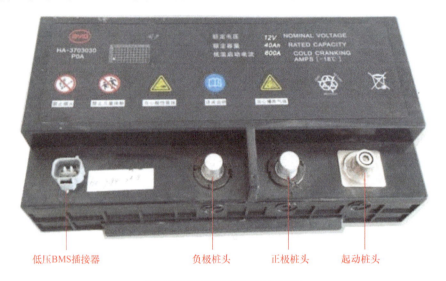

图 3-3-9　低压铁电池结构图

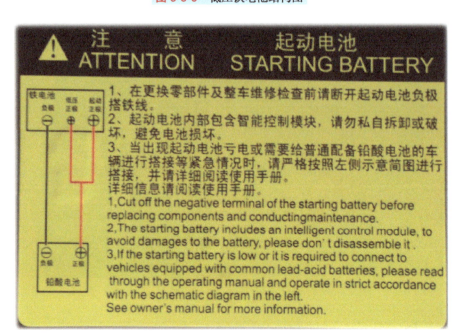

图 3-3-10　低压铁电池标识图

（一）低压铁电池功能

1）低压铁电池与普通铅酸电池相比，增加了一个起动正极柱，和一个通信口。

2）低压铁电池带有标识三极柱，分别是起动正极柱（大"+"）、低压正极柱（小"+"）、负极极柱（"–"）。

3）起动正极柱通过连接线束接到起动机正极，并在车辆发动机起动过程中此路接通，起动铁电池放电形成回路起动车辆。

4）低压正极柱开始时是整车负载的供电电源，同时并联在DC和发电机正极输出端上，一般情况下车辆在给起动铁电池充电工况时使用以上两个供电电源，只有输出不足时参与整车负载供电；此极柱回路过电流能力有限，严禁使用此极柱跨接对电起动发动机。

5）起动铁电池内部包含电池管理器，其通过通信口和整车模块交互信息。

6）低压铁电池电压低时，启动智能充电功能，通过DC转换高压电为低压电，为起动铁电池充电，当无法有效进入智能充电状态，低压铁电池进入休眠状态，DC极柱内MOS管断开，DC极柱无电压输出，此时可在有效关闭前机盖、后行李舱盖及4门状态下，按左前门微动开关进行唤醒。

（二）低压铁电池检测要点

1）全车无电，低压铁电池是否休眠，如休眠可按下左前门微动开关唤醒。

2）测量低压铁电池起动极柱与负极柱之间电压，确认是否单体蓄电池亏电。

3）救援搭电方法：起动极柱和DC极柱需同时接上电源。

4）充电方法：DC极柱唤醒前提下，通过连接DC极柱和负极柱充电，防止过充。

完全亏电低压铁电池起动极柱电压会很低，此时低压极柱同样无法输出，可以先使用充电设备正极连接铁电池起动正极柱，充电设备负极连接起动铁电池负极，使用恒压限流方式对电低压铁电池充电，稳定电压在15V，电流限制在30A以内，充电10s后将低压正极柱唤醒，然后再将充电设备正极连接铁电池低压正极柱上完成充电。低压铁电池完成充电时间一般在2～3h，最后充电电流变为0～1A，充电过程完成。

注意： 从低压正极柱充电才能有过充保护，要点2）和3）最终都是通过低压正极柱补充电，切勿一直从起动正极柱充电，稳压源电压控制在15V以内，否则容易引起过充风险。

实例：商品车因要长期展示，没着过车，导致铁电池亏电，充电过程中电池裂开，如图3-3-11所示。经与维修技师核实，当时下班的时候开始充电的，第二天上班发现低压铁电池爆裂了。使用的充电机就是给普通蓄电池充电用的，2个正极同时接充电机正极，负极接充电机负极。

图3-3-11 不规范充电的低压铁电池

（三）低压铁电池管理

低压铁电池管理系统用于检测低压铁电池的参数，其原理图如图3-3-12所示。

（四）维修总结

低压BMS工作电压为6V以上，若测量起动极柱电压为6V以下，请使用充电设备将起动铁电池的电压充到6V以上再将低压BMS 4号针脚进行搭铁，若仍不能唤醒，则更换铁电池。

低压起动铁电池有智能充电功能，前提条件为四门、行李舱盖、发动机舱盖需关闭。

智能充电原理：当低压起动铁电池 BMS 监测到自身 SOC 过低时，控制吸合 OFF 档充电继电器，同时给动力蓄电池 BMS 发送充电请求信号，动力蓄电池 BMS 接收并检测判定后吸合放电主接触器，发送"放电允许"信号给双向 DC，双向 DC 判断自身无故障后给铁电池进行智能充电。

若整车出现与低压铁电池相关的故障，则仪表警灯常亮且提示"请检查低压电池系统"。

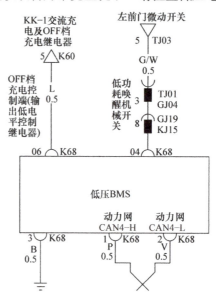

图 3-3-12　低压铁电池标识图

1. 整车无法上电（蓄电池亏电）

（1）尝试按左前门微动开关唤醒铁电池

1）若能唤醒，则为蓄电池进入休眠状态；唤醒后应尽快打着车辆，给起动铁电池充电，怠速或者行车充电时间在半小时以上。

2）若不能唤醒，则用万用表测量蓄电池电压。

a. 若发现起动极柱电压正常、中间极柱异常，则为蓄电池故障。

b. 若两极柱均异常，则可能为蓄电池亏电，请将蓄电池外接充电。

（2）整车上电后观察仪表动力蓄电池电量

1）若电量较高，将前后舱盖关闭，整车会起动（对蓄电池）智能充电（注：低电量会起动发动机充电）。

2）若为异常掉电，则需进一步查明详细见"智能充电故障"故障码解析。

3）若为偶发性掉电，则执行以下步骤。

a. 针对出现 DC 偶发性异常导致掉电，查 DC 模块是否异常，若 DC 在上电时"系统无应答"则可能为 DC 偶发性异常，读取 DC 程序版本若为旧版本则对其更新最新版的 DC 程序。

b. 若 DC 程序为最新版本，若报"降压时硬件故障"且数据流显示有异常则为 DC 故障。

2. 仪表周期性提示"低压铁电池电量低，进入智能充电模式"

1）用诊断仪读取低压 BMS 中单节电压值。

2）若发现某一节电压相对于其他单节严重偏低，智能充电起动后对其充电到电压正常再放电监测其电压值又迅速下降，则可判定为蓄电池问题。

3. 若出现以下故障码，则进行以下判断：

1）整车上 ON 档电，诊断仪无法读取低压电池管理器，显示"系统无应答"，排除低压 BMS 电源和 CAN 线后，可判定为低压 BMS 故障，需更换蓄电池。

2）若诊断仪读取低压电池管理系统故障，报"B1FB500：电源温度过高故障"，读取数据流中蓄电池温度，若异常（高于 85℃）则需更换蓄电池。

3）若诊断仪读取低压电池管理系统故障，报"B1FB700：智能充电故障"，可能为低压 BMS、DC-DC、高压 BMS 故障，需进一步查明：

① 测量低压 BMS 通信和接地是否正常。

a. 测蓄电池低压插接器 K68-#3 对地电阻是否小于 1Ω。

b. K68-#1、K68-#2（CAN-H、CAN-L）电压是否正常，若异常则可能为低压 BMS 模块通信故障导致。

② 若低压 BMS 正常，则转查动力蓄电池 BMS 通信是否异常。

③ 若高压 BMS 正常，则转查 DC 低压输出是否正常。整车上 OK 电，诊断仪进入 DC 模块读取故障码和数据流看是否有异常（低压侧电压 13.8V 正常可用万用表测蓄电池中间极柱），若数据流异常且报"降压时硬件故障"则很可能为 DC 故障。

4）若诊断仪读取低压电池管理系统故障报"BMS 与高压电池管理器失去通信""BMS 与仪表失去通信""BMS 与 BCM 失去通信""BMS 与 ECM 失去通信""BMS 与驱动电机失去通信"故障码，则执行以下步骤。

① 先退电清除故障码看故障是否重现，若不重现则为历史故障码，不影响整车行驶。

② 若重现则需进一步查明：检查与其报通信故障的相关模块常电、搭铁及通信是否异常，若异常则为该模块故障导致，同理查其他故障码相关模块。

习题六　　见配套习题册

三、典型指示灯及警告灯

比亚迪秦典型指示灯及警告灯详见表 3-3-1。

表 3-3-1　典型指示灯及警告灯

指示灯/警告灯图案	指示灯/警告灯名称	说明
OK	READY 指示灯	驱动电机控制器通过 CAN 发送"READY"指示灯点亮信号给组合仪表。
EV	纯电动模式指示灯	—
HEV	混合动力模式指示灯	—
ECO	经济模式指示灯	—
SPORT	运动模式指示灯	—
	动力蓄电池充电连接指示灯	工作于所有电源档位；硬线传输，（车端）插上充电枪时，点亮指示灯
	动力蓄电池电量低指示灯	剩余蓄电池容量≤20% 时，指示灯点亮；剩余蓄电池容量 > 20% 时，指示灯熄灭

（续）

指示灯/警告灯图案	指示灯/警告灯名称	说明
	电机过热警告灯	工作条件：ON档电源 控制方式：CAN通信传输，电机控制器发送动力电机过热报警信号给组合仪表
	电机冷却液温度过高警告灯	工作条件：ON档电源 控制方式：CAN通信传输电机控制器的冷却液温度过高报警信号。工作分为常亮和闪烁两种方式，常亮优先级更高
	动力系统故障警告灯	工作条件：此指示灯工作于所有档位电源 控制方式：CAN通信采集到电池管理器、驱动电机控制器、P档电机控制器的故障信号时，CPU驱动指示灯点亮
	充电系统故障警告灯	DC、发电机不发电都会使它点亮
	动力蓄电池过热警告灯	工作条件：工作在所有电源档位 控制方式：动力蓄电池温度≥65℃或与BMS失去通信时，此指示灯点亮。动力蓄电池温度<65℃时，指示灯熄灭
	动力蓄电池故障警告灯	工作条件：工作在所有电源档位 控制方式：当接收到BMS为故障信号或ON档与BMS失去通信时，指示灯点亮

四、灯光系统

（一）灯光组件位置

比亚迪秦灯光组件位置图分别如图3-3-13~图3-3-16所示。

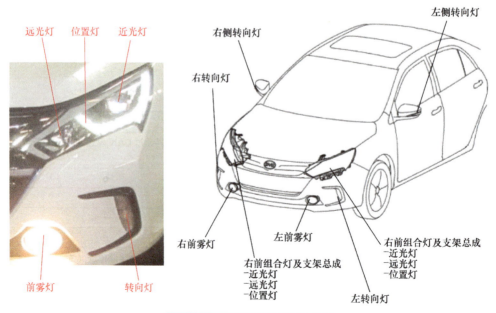

图3-3-13 灯光组件位置（一）

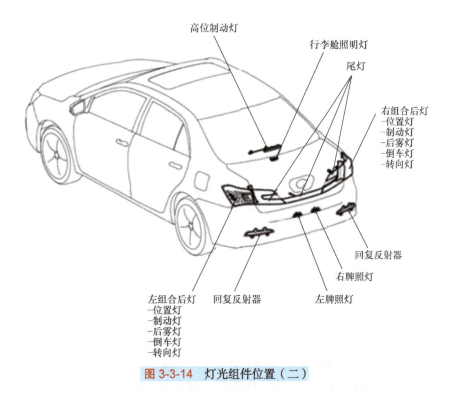

图 3-3-14　灯光组件位置（二）

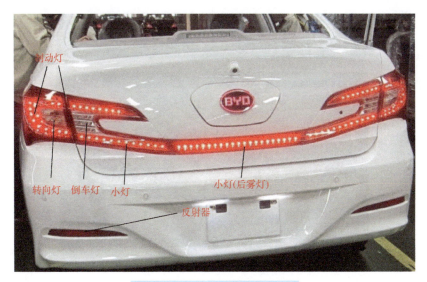

图 3-3-15　灯光组件位置（三）

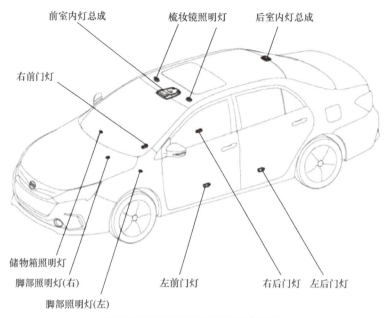

图 3-3-16　灯光组件位置（四）

（二）灯光控制

1）功能描述：执行对车辆前部灯光的开启和关闭功能。

2）工作档位：任意电源档位（包括：OFF 档、ACC 档、ON 档、ST 档）。

3）实现方法：灯光组合开关，如图 3-3-17 所示，通过 CAN 发送的灯光控制信号，实现对位置小灯、近光灯、远光灯、前雾灯和后雾灯的开启、关闭控制，为驾驶者提供明亮的视野。

图 3-3-17　灯光组合开关

见配套习题册

任务四　混合动力汽车的高压电器

任务驱动

比亚迪新能源汽车4S店接到一台比亚迪秦插电式混合动力故障车，该车低压铁电池12.6V，在按下一键起动按钮后无法上电，请排除此车的故障。

教学目标

◎ **知识目标**

1）掌握比亚迪秦混合动力汽车的电路图识读方法。
2）熟悉比亚迪秦混合动力汽车的高压控制原理。
3）掌握比亚迪秦混合动力汽车的高压电器操作规程。
4）理解比亚迪秦混合动力汽车的高压互锁原理。
5）熟悉动力蓄电池PACK的结构及上电原理。
6）熟悉维修开关和高压配电箱的结构及工作原理。
7）理解漏电传感器的结构及工作原理。
8）掌握驱动电机控制器的结构及工作原理。
9）理解充电系统结构、充电和放电工作原理。
10）掌握充电连接装置及OBC的拆装和检测方法。
11）掌握高压电缆线的识别方法。
12）掌握比亚迪秦混合动力汽车的高压电器常见故障的排除方法。

◎ **技能目标**

1）能准确在实车上指出混合动力汽车高压电器的位置并说出功能。
2）能分析混合动力汽车高压电器部件相对应的电路控制原理图并对照整车指出实物。
3）能选用正确的工具检测动力蓄电池PACK、高压BMS、OBC、充电枪、高压配电箱、驱动电机控制器。
4）能规范进行动力蓄电池包的更换。
5）能准确分析整理动力蓄电池包电路原理图。
6）能准确分析整理维修开关及高压配电箱电路原理图。
7）能规范进行漏电传感器的检测并做出准确判断。
8）能准确分析整理驱动电机控制器电路原理图。
9）能准确辨别快慢充系统，并能选用正确的工具进行规范检测。
10）能选用正确的工具拆装和检测充电连接装置。
11）能选用正确的工具拆装和检测OBC。
12）能在实车上准确找到高压电缆线。
13）能排除比亚迪秦混合动力汽车的高压电器故障。
14）能排除比亚迪秦混合动力汽车无法起动的综合故障。

◎ 德育目标

1）培养学生不抛弃不放弃的团队协作精神。
2）培养学生潜心研究的工匠精神。
3）培养学生面对困难不退缩，积极主动找办法的敬业精神。
4）培养学生在检修过程中应具有的诚实守信的良好职业操守。
5）培养学生重视检修规范和应具有的安全环保意识。

知识准备

一、操作规程及注意事项

（一）操作规程

1）高压部件的调试、检修及带电组装作业，建议设立专职监护人。由监护人监督作业全过程（包括人员组成、工具、劳保用品、器材是否符合要求），并对作业结果进行检查，指挥上电。

2）监护人要认真负起责任，确保作业安全。否则在发生安全责任事故时要承担责任。

3）监护人须有丰富电气维修经验，经考核合格后方能上岗。

4）在进行较复杂或较危险的作业时，监护人要按流程指挥操作，作业人在做完一个操作后要告知监护人，监护人要在作业流程单上作标记确认。

5）操作人员必须佩带必要的劳保用品，如图3-4-1所示。如绝缘手套、绝缘胶鞋等，其电压等级必须大于需要测量的最高电压。用前需检查其是否完好无损，确保安全。特殊情况下建议带防护面罩。

图3-4-1 劳保用品

6）操作人员在组装、调试、检修高压部件时，必须两人以上并由监护人监督作业。

7）操作人员进行作业时必须单手操作，原则上不允许带电操作。例如：保证所使用的测量仪表至少有一根表笔线上配备绝缘鳄鱼夹，测量时一只手把夹子夹到电路的一个端子上，另一只表笔接到另一个端子测量读数。每次测量时只能用一只手握住表笔线或搭铁线。

8）操作人员在作业中，对所拆除的高低压系统电线要妥善处理，包好裸露出的电线头，以防触电或酿成其他事故。

9）更换高压回路器件，一定要按原车设计要求容量更换。

10）在检修高压系统时，车辆必须处于OFF档，必须亲自妥善保管，直至检修完毕。使用万用表检测高压电路（例如高压电容及其回路），需确保无电。在操作时应当严格遵守电气作业操作规程及相应检测工具使用要求，以防高压系统内器件损坏而带电，造成触电事故。

11）高压系统在调试或检修完毕后，需由监护人检查确定能否上电。该监护人要仔细检查电路是否符合要求，并且检查现场工作人员是否在安全距离以内，然后在专用检查单上签字确认，指挥通电。

12）发生异常事故和火灾时，操作人员应立即切断高压回路，其他人员立即使用干粉灭火器及黄沙扑救，严禁用水剂灭火器。

（二）操作注意事项

1）操作者穿绝缘胶鞋、戴绝缘手套，单手操作；操作最好指定专人负责，避免多人误操作。

2）在整车装配过程中，必须断掉低压蓄电池。

3）在车辆维修、低压调试前，确认整车用电器都在 OFF 状态。

（三）突发和重大故障应急处理措施

试验车辆在试验过程中发生突发紧急情况或重大事故（人力不可控制时）时，应按照实际情况进行应急处理。

1）试验车辆在试验过程中突然出现异响时，应立即停止试验进行检查，查明原因并向相关责任人反馈检修。

2）试验车辆在试验过程中突然出现爆胎或其它意外情况时，驾驶人员应保持清醒敏捷的头脑，保证人身安全前提下操控车辆。

3）试验车辆在试验过程中突然出现异味或冒烟时，应立即停止试验并关掉车辆所有电源（蓄电池和动力蓄电池包），拿出随车灭火器材进行灾害控制，防止灾害事故扩大。迅速报告相关责任人进行检修，解决事故隐患。

4）试验车辆在试验过程中突然起火时，应在确保人身安全的情况下，立即停止试验关掉车辆所有电源（蓄电池和动力蓄电池包），拿出随车灭火器材尽量控制火灾局势，迅速向外部求救。

5）试验车辆在试验过程中发生突发性故障和其它重大事故时，在不能自行解除的情况下，迅速离开事故车辆，到安全距离保护现场，立即向主管部门报告和向外部求救。

6）试验车辆在试验过程中突然发生突发性事故和其它重大事故时，应立即抢救受伤人员，向主管部门报告。请求外部救护车或任何交通工具送往医院作进一步的治疗。

二、高压电器部件介绍

混合动力汽车是在传统内燃机汽车的基础上，加装了电机及驱动装置。混合动力的高压部件主要由动力蓄电池系统、充电系统、驱动电机及 DC 总成、高压线路、高压配电箱、维修开关等组成，整车高压电器分布示意图如图 3-4-2 所示。

图 3-4-2　整车高压电器分布示意图

行李舱内部高压电器如图 3-4-3 所示。

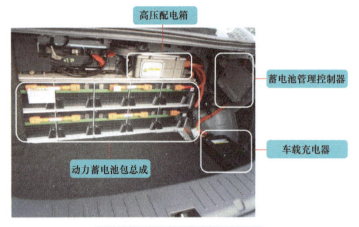

图 3-4-3　行李舱内部高压电器

驾驶室内部高压电器如图 3-4-4 所示。

图 3-4-4　驾驶室内部高压电器

底盘高压电器如图 3-4-5 所示。

图 3-4-5　底盘高压电器

前舱高压电器如图 3-4-6 所示。

图 3-4-6 前舱高压电器

知识拓展 ➤ HEV 高压上电

习题八 ➤ 见配套习题册

10-HEV
高压上电

（一）动力蓄电池系统

动力蓄电池系统是 DM 车主要动力能源之一，动力蓄电池结构图如图 3-4-7 所示，它为整车驱动和其他用电器提供电能。为提高动力蓄电池组的抗冲击强度，通常将蓄电池组用多个连接点与车身固定，整个蓄电池组嵌于车身承载结构中，四周都被车身结构保护起来，模组连接方式如图 3-4-8 所示。

锂离子动力蓄电池的性能对温度变化较敏感，如果在高温下得不到及时的通风和散热。将会导致蓄电池组系统温度过高或温度分布不均匀，最终将降低电池充放电循环效率，影响蓄电池的功率和能量发挥，因此需要为动力蓄电池提供冷却管道。

比亚迪秦混合动力动力蓄电池组安装位置位于后排座椅与行李舱之间，用于充放电。

包括动力蓄电池模组（分10个模组 共152个单体）、动力蓄电池串联线、动力蓄电池采样线、蓄电池信息采集器、接触器、熔丝、蓄电池包护板、安装支架。每个单体蓄电池3.3V，蓄电池包标称电压501.6V，标称容量26A·h，一次充电13W。

图 3-4-7 混合动力动力蓄电池组结构参数

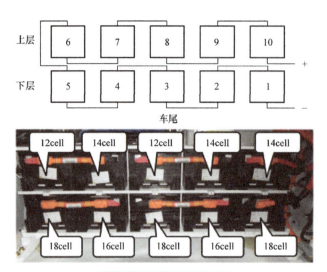

图 3-4-8 模组连接方式

动力蓄电池产品应存放在干燥、通风、无腐蚀性气体影响的库房内，不受阳光直射，距离 45℃或以上热源不得小于 2m。贮存时，不得倒置、挤压，并避免机械冲击和重压。库存车蓄电池包维护如果车辆长时间不使用，为了延长动力蓄电池的使用寿命，建议每 3 个月充电一次。长期存放不使用车辆时，请务必先充电至 100%，然后再放电至 25%~40% 之间。如果存放时间超过 3 个月的必须要对蓄电池进行充电，否则可能会引起蓄电池过放，降低电池性能。由此导致的车辆故障及损坏，也将无法进行质保。

安装铁电池组时，首先确认将蓄电池包串联线Ⅰ（蓄电池包后端）全部连接好，再连接蓄电池包串联线Ⅲ（蓄电池包前端），避免出现短路，动力蓄电池包高压线束如图 3-4-9 所示。

图 3-4-9 动力蓄电池包高压线束

采样线束：动力蓄电池采样线的主要功能是连接电池管理控制器和电池信息采集器，BMC 布置图如图 3-4-10 所示，实现二者之间的通信及信息交换。分布式蓄电池管理系统（Distributed Battery Management System，DBMS）由 10 个蓄电池信息采集器（Battery Information Collector，BIC）和 1 个电池管理控制器（Battery Management Controller，BMC）组成，如图 3-4-11 所示。10 个 BIC 分别位于 10 个动力蓄电池模组的前端，BMC 位于行李舱车身右 C 柱内板后段。

图 3-4-10　BMC 布置图

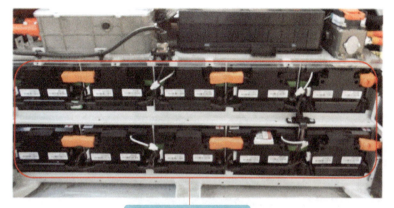

图 3-4-11　BIC 布置图

BMC 的主要功能是总电压监测、总电流监测、SOC 计算、充放电管理、接触器控制、功率控制、蓄电池异常状态报警和保护、漏电报警、碰撞保护、自检以及通信功能等,其系统框图如图 3-4-12 所示。BIC 的主要功能是电压采样、温度采样、蓄电池均衡、采样线异常检测等。其控制器插接器如图 3-4-13 所示,采样线如图 3-4-14 所示,内部接触器控制插接器如图 3-4-15 所示。在监测过程中如发现蓄电池故障,蓄电池异常状态报警和保护见表 3-4-1。

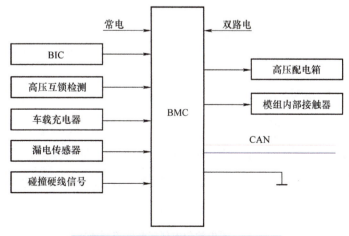

图 3-4-12　蓄电池管理控制器系统框图

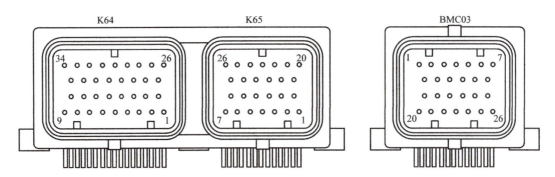

图 3-4-13　蓄电池管理控制器插接器

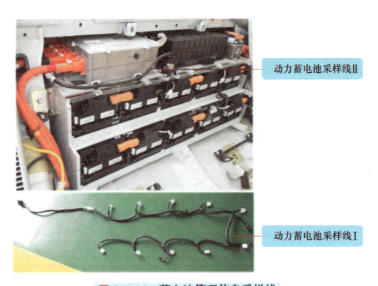

图 3-4-14　蓄电池管理信息采样线

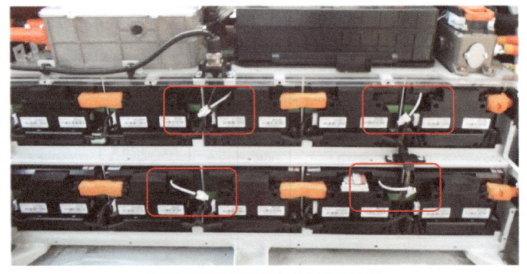

图 3-4-15　蓄电池包内部接触器控制插接器

表 3-4-1　蓄电池异常状态报警和保护

故障状态	蓄电池管理系统故障诊断状况
模块温度 > 65℃	1级故障：一般高温告警
模块（单体）电压 > 3.85V	1级故障：一般高温告警
模块（单体）电压 < 2.6V	1级故障：一般高温告警
绝缘电阻 < 设定值	1级故障：一般高温告警
模块温度 > 70℃	2级故障：一般高温告警
模块（单体）电压 > 4.1V	2级故障：一般高温告警
模块（单体）电压 < 2.0V	2级故障：一般高温告警
绝缘电阻 < 设定值	2级故障：一般高温告警

蓄电池包要正常工作，温度必须适宜，因此在蓄电池包中加装了冷却系统，其原理如图 3-4-16 所示。

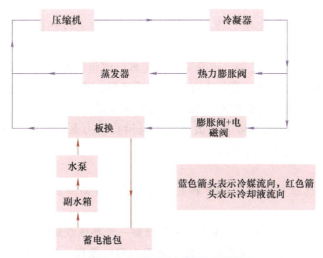

图 3-4-16　蓄电池冷却系统原理

蓄电池包发生故障后的诊断流程如图 3-4-17 所示。

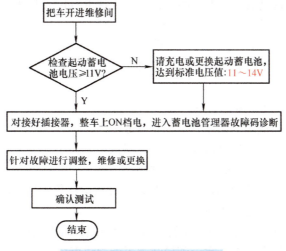

图 3-4-17　蓄电池包诊断流程

若确定电池有问题需要维修，请在厂家的指导下更换电池，按以下步骤拆卸更换。

1. 动力蓄电池更换流程

1）将车辆开到举升机上，退电至 OFF 档，拔下维修开关，断开小电池负极，举升机将车辆顶起。

2）用万用表检测电池是否漏电。将万用表正极分别搭在电池正负极引出，负极搭车身地。正常值为 10V 以下。若过大请不要拆卸，检测漏电原因和地方，排除问题后再进行以下操作。

3）拔掉蓄电池包进出水口的快拔插接器，用堵头堵上水管及接头。

4）拔掉蓄电池包的低压插接器。

5）佩戴绝缘手套，用套筒拧松直流母线接插件上的锁紧螺钉，将直流母线插接器拔出，再将车载小线插接器拔掉。

6）使用工装将动力蓄电池包托住，用套筒将蓄电池包固定在地板上的螺栓拧出，之后缓慢将动力蓄电池包降下。

7）将新的动力蓄电池包放在工装上，缓慢升起，蓄电池包在被举升过程中需留意观察，避免动力蓄电池包与地板磕碰。

8）动力蓄电池包对好位置之后，用套筒将固定蓄电池包的螺栓按照规定力矩拧紧。

9）依次接上车载小线、动力蓄电池直流母线插接器，进出水口接头，用套筒将直流母线插接器上的锁紧螺钉按照规定力矩拧紧，再接上低压插接器。

10）将车辆降下，接回低压蓄电池负极，上电检查动力蓄电池问题是否已解决，若无问题，添加电池冷却液、排气并进行测试。

注意：

① 拆卸时一定要保证整车退至 OFF 档且维修开关处于断开状态。维修开关拔出和恢复时一定要佩戴绝缘手套。

② 拆卸动力蓄电池包前后部串联线及取出模组时一定要佩戴绝缘手套。

③ 拆卸动力蓄电池包前后串联线时一定不要两人同时操作，只能由一人单独完成！恢复过程也只能由一人单独完成。

2. 维修总结

若整车出现与动力蓄电池相关的故障，则整车无法 Ready 且仪表故障灯常亮提示"请检查动力蓄电池"。动力蓄电池系统故障的判断方式主要如下：

1）故障码 BIC1～10 为"电压采样电路故障""电压采样断线故障""温度采样电路故障""温度采样断线故障""均衡电路故障""数据流不显示温度和电压"，此时判定可能是采集器或模组故障。

将发现故障的采集器和正常的对调：

① 若故障采集器依然故障的话则判定采集器故障。

② 若对调后改为新换的采集器故障则判定模组故障。

2）故障码 BIC1～10 为 CAN"通信超时故障"。

① 车辆上 ON 档，先清除故障码，OFF 档电拔插蓄电池负极后重新上电，若还出现的话则先确认 BIC 侧面通讯插接器是否插好。

② 确认连接 10 个 BIC 的通信线束是否有破损和断线，若无则检测 BIC 供电是否正常。

a. 检查上一个 BIC 供电是否正常，若异常则可能为线束故障或上一 BIC 故障。

b. 若正常则查询该 BIC 是否有电源供出，若该 BIC 无电源供出则为该 BIC 故障导致，需更换 BIC。

注意：BIC 供电为 #10 至 #1，若中间某个 BIC 供电异常则会导致后续 BIC 均会出现 CAN 通讯超时故障。

3）若仪表报"请检查动力系统"，诊断仪读取高压 BMS 报"严重漏电故障"，整车无法 Ready。

整车上 ON 档电，若 BMS 仍报漏电则为蓄电池包漏电。高压系统报漏电故障时，确认是 ON 档报漏电故障，还是 OK 档报漏电故障；整车所有高压模块、橙色线束、漏电传感器及连接线束故障时均有可能报漏电故障码，请参考以下方法检查漏电故障：

① 如果 ON 档电报漏电故障，初步判断为动力蓄电池包漏电；具体哪个电池模组漏电，根据以下流程检查：

a. OFF 档，拔掉 #8 蓄电池模组接触器插接器，再上 ON 电，诊断仪读取系统故障：如果不漏电，判断 #8、#9、#10 蓄电池模组漏电；如果漏电，则排除 #8、#9、#10 蓄电池模组故障，需检查 #1~#7 蓄电池模组。

b. OFF 档，拔掉 #6 蓄电池模组接触器插接器，再上 ON 电，诊断仪读取系统故障：如果不漏电，判断 #6、#7 蓄电池模组漏电；如果漏电，则排除 #6、#7 蓄电池模组故障，需检查 #1~#5 蓄电池模组；

c. OFF 档，拔掉 #4 蓄电池模组接触器插接器，再上 ON 电，诊断仪读取系统故障：如果不漏电，判断 #4、#5 蓄电池模组漏电；如果漏电，则排除 #4、#5 蓄电池模组故障，需检查 #1~#3 蓄电池模组。

d. OFF 档，拔掉 #2 蓄电池模组接触器插接器，再上 ON 电，诊断仪读取系统故障：如果不漏电，判断 #2、#3 蓄电池模组漏电；如果漏电，则排除 #2、#3 蓄电池模组故障，判定 #1 蓄电池模组漏电。

② 如果上 OK 电报漏电故障，初步判断为动力蓄电池包以外的高压模块漏电；具体哪个高压模块漏电，根据以下流程检查：

a. OFF 档，断开紧急维修开关，再断开电动压缩机高压线束插头；装上紧急维修开关，上 OK 电，诊断仪读取系统故障：如果不漏电，判断电动压缩机漏电；如果漏电，判断电动压缩机正常；继续断开其他高压模块。

b. OFF 档，断开紧急维修开关，再断开 PTC 高压线束插头；装上紧急维修开关，上 OK 电，诊断仪读取系统故障：如果不漏电，判断 PTC 漏电；如果漏电，判断 PTC 正常；继续断开其他高压模块。

c. OFF 档，断开紧急维修开关，再断开空调配电盒输入端高压线束插头；装上紧急维修开关，上 OK 电，诊断仪读取系统故障：如果不漏电，判断空调配电盒及线束漏电；如果漏电，判断 PTC 及线束正常；继续断开其他高压模块。

按照以上方法，依次断开剩余高压模块，逐个判断哪个模块漏电或哪条高压线束漏电；判定一个高压模块或高压线束漏电时，尽量再将高压模块或线束插头插上去确认故障是否再现，避免零部件误判。

4）常温下整车行驶时，若仪表 SOC 在目标点以下，经常出现无法回馈的现象。

常温下，用诊断仪跟车路试，若发现某一节单体蓄电池一回馈就超过 3.55V（0℃以下为 3.45V），一放电就变的比其他单体蓄电池低，则判定此单体蓄电池异常，需更换相应模组。

5）若仪表上点亮动力蓄电池过热灯 ⛽。

用诊断仪跟车路试，读取高压电池管理器数据流，常温下若读取到部分单体蓄电池温度在车辆放电时温度相比其他偏高，静止时温度又与其他温度趋于一致，则可能模组的动力串联线固定螺母没有拧紧或绝缘层被连接片夹住，依次检查10个模组的连接片。

提示：过热报警是基于对蓄电池保护而设定，并非故障。

6）诊断仪读取驱动电机控制器故障码为"高压欠电压故障"。

若驱动电机控制器报"高压欠电压故障"，但BMS不报该故障，则可能是分压接触器不吸合或动力连接引出断开或配电箱主熔丝断开。

整车上ON档电，让分压接触器吸合，测量蓄电池包的正负极，若有总电压，则检查高压配电箱；若无总电压可能是分压接触器或者动力连接线或者电池包内保险问题。

① 先检查动力串联线。

② 检测分压接触器和熔丝（测量带分压接触器模组的两端电压）。

a. 若高压BMS数据流显示分压接触器吸合，且分压接触器插接器连接良好，对应模组两端仍无电压，则为分压接触器问题，更换相应电池模组。

b. 若高压BMS数据流显示分压接触器断开，则检查对应分压接触器是否供电正常。

7）若仪表报"请检查动力系统"，读取高压BMS报"放电主接触器烧结故障"。

① 清除故障码多次重新上电（20次）读取是否仍报该故障码，若不报则为管理器误报。

② 若仍报该故障码则测量高压配电箱电池正极和电控正极是否导通。

a. 若导通则为主接触器烧结，此时更换配电箱。

b. 若无烧结仍报故障码则除管理器误报之外，还需检查驱动电机控制器与DC是否有故障。

8）电池管理器报"高压互锁故障"。查询各高压模块互锁插接器是否存在断路：

① 测蓄电池管理器互锁信号是否有输入，查K65-#7和K64-#1脚之间通断情况，若通则互锁输入输出信号无故障，若导通后仍然报高压互锁，更换BMC看故障是否重现。

② 检查高压配电箱互锁针脚（可先目测针脚是否有歪斜、虚接和松脱）K54-#6和K54-#2脚之间是否导通。

③ 若无异常则转查维修开关K66-#1和K66-#2脚是否导通，若无异常则转查电机控制器互锁插接器（可先目测针脚是否有歪斜、虚接和松脱）测量是否导通。若都正常，仍然报高压互锁，则检测线束。

9）蓄电池管理器报"正极接触器回检故障""负极接触器回检故障""预充接触器回检故障""充电接触器回检故障"，测高压配电箱低压保险是否熔断。

① 若熔断则更换配电箱低压熔丝。

② 若正常，则测量各接触器电源（K54-#3/#5/#1/#4）是否正常及BMS各控制脚（K64-#9/#34/#17/#33）是否有拉低，正常，则可能为接触器本身问题，更换配电箱，若BMS控制脚未拉低则需检查BMS及线路。

10）蓄电池管理器报"分压接触器1回检故障""分压接触器2回检故障""分压接触器3回检故障""分压接触器4回检故障"。整车上ON档电，拔下插接器测量故障接触器的电源及拉低是否正常。

① 若不正常则为BMS或线束故障，查BMS电源、搭铁及线束。

② 若正常，则转查插接器是否异常（如是否有针脚虚接等）。

③ 若上述都正常则可能为模组内部接触器故障或内部线路异常，尝试更换模组。

（二）维修开关

安装位置：ServiceSwitch 位于动力蓄电池包总成上方的左上角，连接了动力蓄电池的一个正极和一个负极，如图 3-4-18 所示。

功用：是在车辆维修时直接断开高压回路，从而保证操作人员的安全。

使用：维修开关正常状态时，手柄处于水平位置；需要拔出时，应先将手柄旋转至竖直状态，再向上拔出；需要插上时，应先沿竖直方向用力向下插入，再将手柄旋转至水平状态。

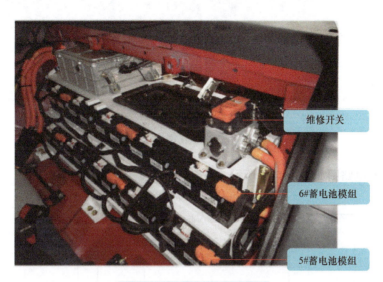

图 3-4-18 维修开关实物图

维修开关内部连接示意图如图 3-4-19 所示。

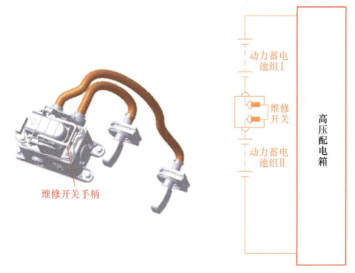

图 3-4-19 维修开关内部连接示意图

维修开关处高压互锁检测开关如图 3-4-20 所示。

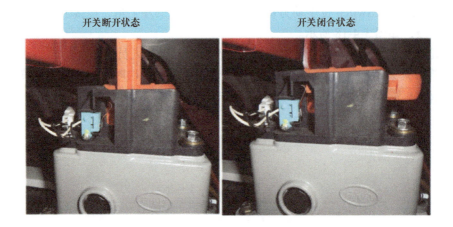

图 3-4-20　高压互锁检测开关

维修开关内部电路图如图 3-4-21 所示。

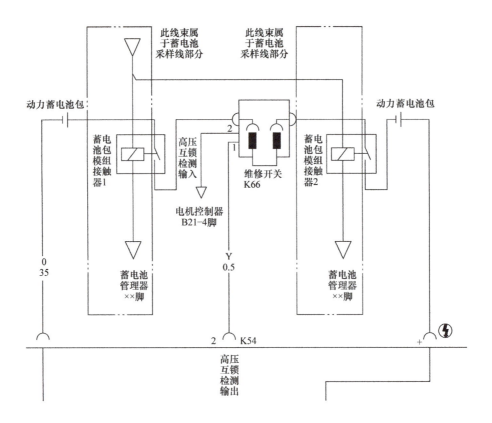

图 3-4-21　维修开关内部电路图

高压互锁连接图如图 3-4-22 所示。

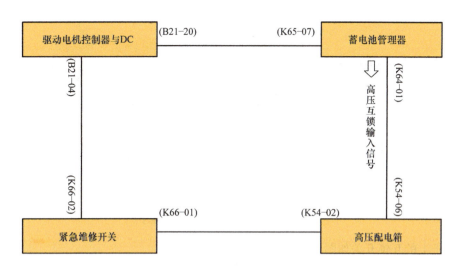

图 3-4-22 高压互锁连接图

 见配套习题册

（三）高压配电箱总成

安装位置：高压配电箱总成（High Voltage Distribution Assy，HVDA），位于后行李舱蓄电池包支架右上方。外部有高压端子、低压线束、漏电传感器检测线、空调熔丝、车载充电熔丝，高压配电箱总成图如图 3-4-23 所示。

功用：高压配电箱总成将蓄电池包的高压直流电分配给整车高压电器使用，其上游是蓄电池包，下游包括驱动电机控制器及 DC 总成、PTC 水加热器、电动压缩机、漏电传感器；也将车载充电器的高压直流电分配给蓄电池包。

图 3-4-23 高压配电箱总成图

高压配电箱外部高压端子如图 3-4-24 所示。

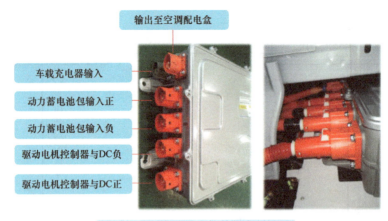

图 3-4-24　高压配电箱外部高压端子

高压端子上的互锁开关如图 3-4-25 所示。

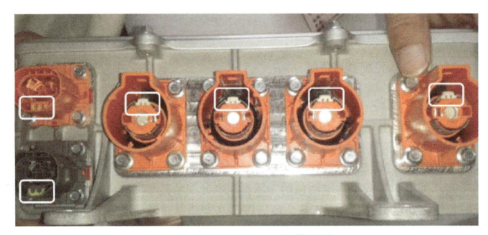

图 3-4-25　高压端子上的互锁开关

高压配电箱系统框图如图 3-4-26 所示。

图 3-4-26　高压配电箱系统框图

高压配电箱内部结构图如图 3-4-27 所示。

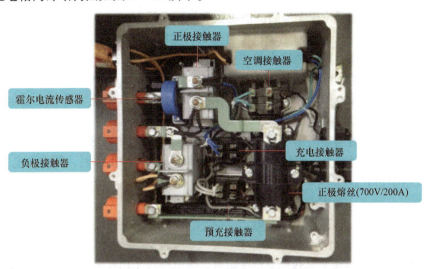

图 3-4-27　高压配电箱内部结构图

高压配电箱结构原理图如图 3-4-28 所示。

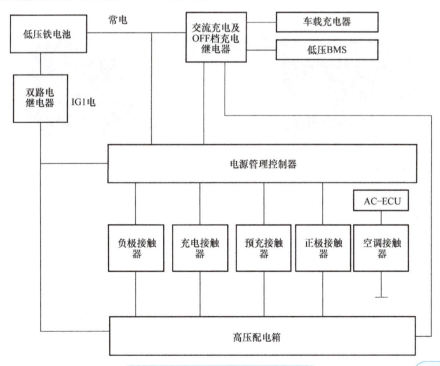

图 3-4-28　高压配电箱结构原理图

知识拓展　高压预充内部控制原理

习题十　见配套习题册

11- 高压预充内部控制原理

（四）漏电传感器总成

安装位置：漏电传感器位于车身后围搁物板前加强横梁上。

功用：漏电传感器总成用于对电动汽车直流动力电源母线与其外壳、车身底盘之间的绝缘阻抗检测，通常检测与动力蓄电池输出相连接的负极母线与车身底盘之间的绝缘电阻，来判断动力蓄电池包的漏电程度。当动力蓄电池包漏电时，传感器发出一个信号给蓄电池管理控制器，蓄电池管理控制器接到漏电信号后，进行相关保护操作并报警，防止动力蓄电池包的高压电外泄，造成人或者是物品的伤害和损失。

漏电传感器主要监测与动力蓄电池输出相连接的负母线与车身底盘之间的绝缘电阻。当绝缘阻值在 100～120kΩ 时，为一般漏电；当绝缘阻值小于等于 20kΩ 时，严重漏电。

几个诊断原则如下：

1）ON 档时报漏电，考虑电池包漏电。

2）OK 档时报漏电，各高压负载漏电。

3）蓄电池包漏电，多出现在分压接触器。

4）高压负载可使用绝缘测试仪测量绝缘阻值，带电模块（如蓄电池包）不可用测试仪测量。

5）判定真漏电还是假漏电，可以通过断开漏电传感器进行。

漏电传感器针脚图如图 3-4-29 所示。

2PIN插接器			
针脚	定义	针脚	定义
1	(漏电检测)接蓄电池包负极	2	(自检)接蓄电池包负极
12PIN插接器			
针脚	定义	针脚	定义
1	(漏电检测)接蓄电池包负极	9	CAN-H
2	(自检)接蓄电池包负极	12	GND(电源地)
3	CAN-L	其余	预留
6	12V(双路电)		

图 3-4-29　漏电传感器针脚图

漏电传感器结构图如图 3-4-30 所示。

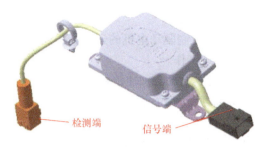

图 3-4-30　漏电传感器结构图

漏电传感器系统框图如图 3-4-31 所示。

图 3-4-31　漏电传感器系统框图

见配套习题册

（五）驱动电机控制器与 DC 总成

安装位置：驱动电机控制器与 DC 总成位于前舱左侧，如图 3-4-32 所示。

图 3-4-32　驱动电机控制器与 DC 总成安装位置

驱动电机控制器与 DC 总成参数介绍如图 3-4-33 所示。

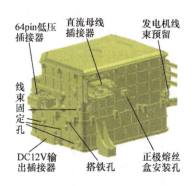

类别	项目	参数
电机驱动	工作电压等级	480V
	最大功率	110kW
	额定功率效率	≥95%
DC/DC	高压侧	300～550V
	低压电压等级	12V
	输出电流	120A
	效率	≥90%
	重量	16kg

图 3-4-33　参数介绍

驱动电机控制器与 DC 总成功用如下：

1）作为动力系统的总控中心，控制驱动电机的运行，根据工况控制电机的正反转、功率、转矩、转速等；协调发动机管理系统工作。

2）硬件采集电机的旋变、温度、制动、加速踏板开关信号。

3）通过 CAN 通信采集制动深度、档位信号、驻车开关信号、起动命令、蓄电池管理控制器相关数据、控制器的故障信息。

4）内部处理的信号有直流侧母线电压、交流侧三相电流、IGBT 温度、电机的三相绕组阻值。

驱动电机控制器与 DC 总成实物如图 3-4-34 所示。

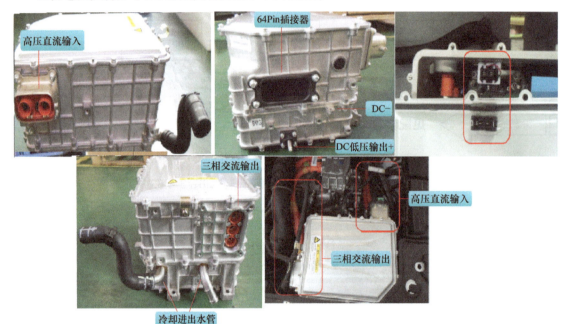

图 3-4-34　驱动电机控制器与 DC 总成实物

IGBT 的工作原理：主要用于变频器逆变和其他逆变电路，将直流电压转换成频率可调的交流电。绝缘栅双极型晶体管（Insulated Gate Bipolar Transistor，IGBT）是由双极型晶体管和绝缘栅型场效应晶体管（MOS）组成的复合全控型电压驱动式功率半导体器件。双极型晶体管（Bipolar Junction Transistor，BJT）亦称巨型晶体管（Giant Transistor，GTR）、达林顿管，并内置了续流二极管芯片（FWD）。

驱动电机控制器档位控制如图 3-4-35 所示。

驱动电机控制器内部集成的逆变器将蓄电池的直流电转换成变动较小的电压，再通过 IGBT 开关元件转换成近似于交流电的矩形波，由此产生的浪涌电压很大，需要采用平滑电容器消除。

图 3-4-35　驱动电机控制器档位控制原理图

驱动电机控制器加速控制如图 3-4-36 所示。

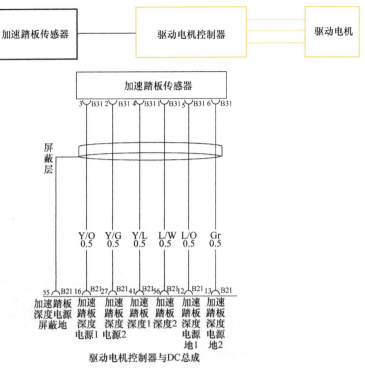

图 3-4-36　驱动电机控制器加速控制原理图

驱动电机控制器巡航控制如图 3-4-37 所示。

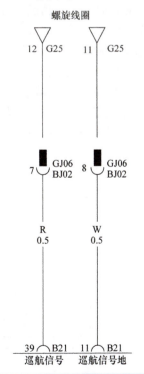

图 3-4-37　驱动电机控制器巡航控制原理图

驱动电机控制器模式开关控制如图3-4-38所示。

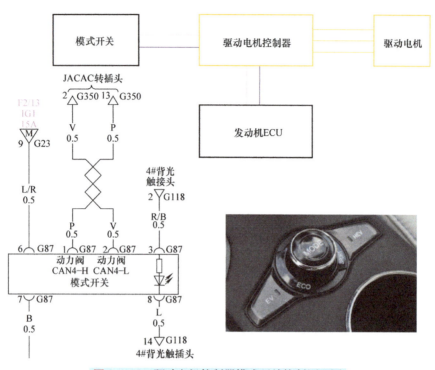

图3-4-38　驱动电机控制器模式开关控制原理图

由于驱动电机的转子一般采用永久磁铁，温度过高会对转子的磁场有不可逆向的损坏甚至消磁，想要驱动电机平稳运行，必须对其温度进行精确的控制，而且对驱动电机高温情况必须加以保护，这样才能发挥其最大的工作效率，另外高温还会产生热膨胀使工作间隙减小，加剧热膨胀和磨损轴承，其次高温还会使润滑油变质加剧磨损。

电机温度传感器主要用来检测绕组和电机转子的温度。当检测到温度过高时，就会把高温信号传递给驱动电机控制器，驱动电机控制器就会控制减小或者切断驱动电机的电流，起到对驱动电机的保护作用。当控制器监测到驱动电机温度传感器显示驱动电机温度在120~140℃的时候，降功率运行，温度高于140℃时功率降为0，即停机。驱动电机旋变及温度控制原理如图3-4-39所示。

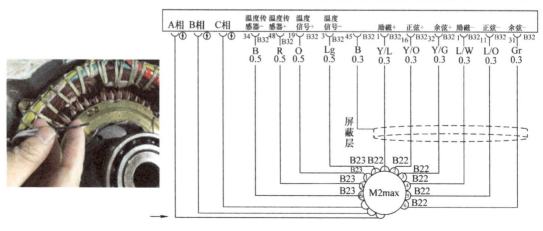

图3-4-39　驱动电机旋变及温度控制原理图

驱动电机控制器系统框图如图 3-4-40 所示。

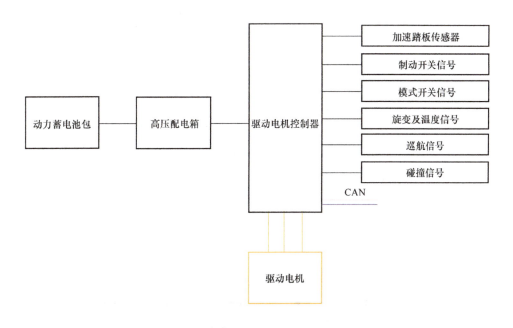

图 3-4-40　驱动电机控制器系统框图

1. DC/DC

DC/DC 实物拆解图如图 3-4-41 所示。

1）纯电模式下，DC 的功能替代了传统燃油车挂接在发动机上的发电机，和蓄电池并联给各用电器提供低压电源。DC 在高压（500V）输入端接触器吸合后便开始工作，输出电压标称 13.5V。

2）在特殊情况下，经过 DC 升压转换 500V 直流给蓄电池包充电。

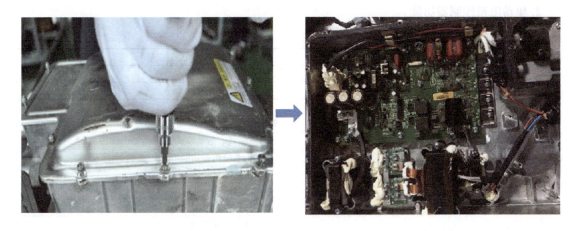

图 3-4-41　DC/DC 实物拆解图

DC/DC 系统框图如图 3-4-42 所示。

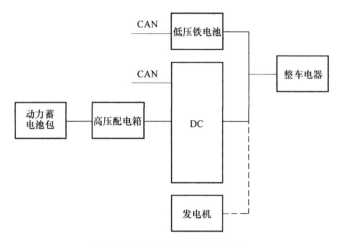

图 3-4-42　DC/DC 系统框图

DC/DC 电路原理图如图 3-4-43 所示。

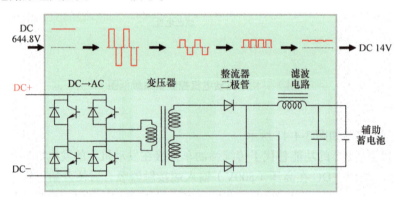

图 3-4-43　DC/DC 电路原理图

2. 驱动电机控制器功能

表 3-4-2　驱动电机控制器功能

驱动电机控制	转矩控制
	功率控制
	能量回馈功能
	爬坡助手功能
整车控制	辅助整车上电 / 掉电功能
	经济模式、运动模式
	动力系统防盗功能
	巡航控制功能
	ESC/Has-Hev 匹配
	档位控制
	软件更新功能
	状态管理
安全控制	异常处理功能
	制动优先功能
	辅助 BMS 进行烧结检测功能
	泄放电功能

驱动电机控制器功能较多，见表 3-4-2。针对双模控制和一键起动上电和防盗这两个比较重要的功能做出说明：根据 BCM 发出的起动开始指令，电机控制器开始与 I-KEY 和 ECM 进行防盗对码，对码成功后防盗解除，电机控制器发出起动允许指令给 BMS，开始进行预充，预充成功后 OK 灯点亮；若预充失败驱动电机控制器起动发动机 OK 灯也将点亮。

 见配套习题册

（六）充电系统

1. 交流充电连接装置

交流充电连接装置如图 3-4-44 所示，交流充电口总成如图 3-4-45 所示。

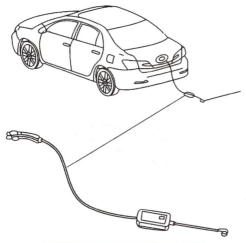

图 3-4-44 交流充电连接装置

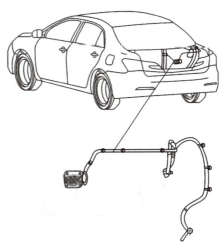

图 3-4-45 交流充电口总成

交流充电连接装置配套部件如图 3-4-46 所示。

图 3-4-46 交流充电连接装置配套部件

壁挂式充电盒如图 3-4-47 所示。

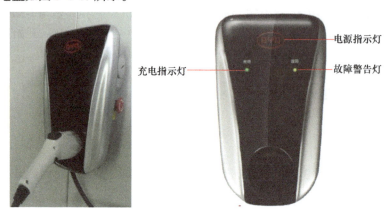

图 3-4-47　壁挂式充电盒

连接供电端三芯插头，充电连接装置上的控制盒点亮"READY"指示灯，同时"CHARGE"指示灯闪烁，如图 3-4-48 所示。

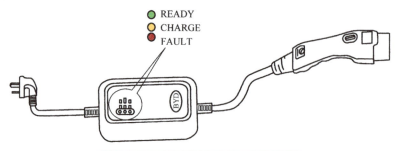

图 3-4-48　壁挂式充电盒指示灯状态

壁挂式充电盒待机状态如图 3-4-49 所示。

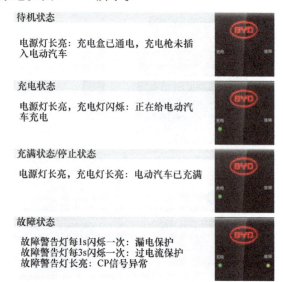

待机状态

电源灯长亮：充电盒已通电，充电枪未插入电动汽车

充电状态

电源灯长亮，充电灯闪烁：正在给电动汽车充电

充满状态/停止状态

电源灯长亮，充电灯长亮：电动汽车已充满

故障状态

故障警告灯每1s闪烁一次：漏电保护
故障警告灯每3s闪烁一次：过电流保护
故障警告灯长亮：CP信号异常

图 3-4-49　壁挂式充电盒待机状态

比亚迪秦充电系统设计插枪均衡功能的背景：考虑秦平时（用车）的均衡时间有限，且为

混合动力电动汽车，有些用户长期不充电，蓄电池一致性更恶化；均衡系统主要是减小或消除单体蓄电池自放电引起的差异。均衡系统要工作，得考虑模块供电问题（停车时模块没有工作电源而无法均衡）；考虑到大部分车主驾车时间有限（如2h/天），故加入了插枪均衡功能，以不影响用户使用情况下增加均衡时间，即充满电后触发均衡条件下，只要不拔枪就可均衡。

均衡触发条件：要均衡，首先得判断所有单体蓄电池中谁高谁低，根据磷酸铁锂蓄电池特性曲线，只有SOC两端（10%以下和满电时）可以准确判定，选择顶端判定是考虑到多数人不会将SOC放至10%以下（因SOC为15%时发动机自动起动）。均衡系统要工作，前提是要保证蓄电池管理器有双路电。在未开发插枪均衡功能前，有一种相对靠谱的增加均衡时间的办法"预约充电均衡法"。

比亚迪秦HEV充电时间与充电设备的功率有关，充电时车辆处于OFF档。

注意：不要湿手拔插充电枪，充电枪口有异常磨损或粘有液体禁止插枪充电，仪表上显示充电连接指示灯及充电信息时才可以正常充电。

2. 交流充电口总成

交流电充电口又称慢充口，如图3-4-50所示，在行李舱门上，用于将外部交流充电设备的交流电源连接到车辆充电回路上。车辆外部通过充电连接装置连接到交流充电设备，车辆内部通过高压电缆连接车载充电器。

图3-4-50 慢充口总成实物

（1）国标交流充电口 交流慢充口接口定义如图3-4-51所示。

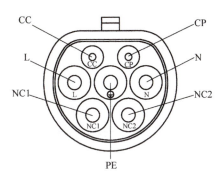

CC与PE阻值	
3.3kW及以下充电盒	680Ω
7kW充电盒	220Ω
40kW充电盒	100Ω
对外放电插排	2kΩ

图3-4-51 交流慢充口接口定义

CC—充电连接确认　CP—充电控制确认　L—火线　N—零线　PE—地线　NC1、NC2—预留

2015款比亚迪秦电锁功能如图 3-4-52 所示。

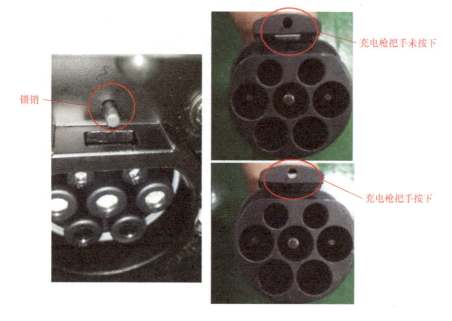

图 3-4-52　2015款比亚迪秦电锁功能

（2）交流充电口总成拆装

1）结构组成。交流充电口总成由车辆插座、电缆、插接器等组成。

2）拆卸维修前操作如下。

① 点火开关 OFF 档。

② 起动电池断电。

③ 卸后行李箱右后内饰板。

④ 拆掉电池管理器。

⑤ 拆铰链护板。

3）拆卸

① 断开交流输出插接器（与车载充电器对接插接器）。

② 将固定电缆的扎带松开（固定在车身钣金和铰链）。

③ 用棘轮将固定充电口座的 M6×20 六角法兰面带齿螺栓拧下，并将充电口上的电锁取下。

④ 将交流充电口往车外轻轻取出。

4）装配

① 戴上手套，把交流充电口尾部电缆穿过钣金，正对充电口座确认好方向（盖子打开方向向右打开）用四颗六角法兰面承面带齿螺栓固定，拧紧力矩要求约 8 N·m，并扣上电锁。

② 再将电缆扎带依次固定在车身钣金和铰链上。

③ 然后将插接器与车载充电器对接好。

注意：操作员操作时应戴好手套，以免碰伤。安装前确保充电口外观清洁，表面油漆不应有划痕及电缆插接器表面不应破损。

（3）壁挂式充电盒检修及排查　指示灯状态识别见表 3-4-3。

表 3-4-3　充电盒指示灯状态对应表

序号	比亚迪 LOGO	充电灯	警告灯	备注
1	常亮	常亮	—	待机
2	常亮	1s 闪烁一次	—	正在充电
3	常亮	亮 2s 灭 2s	—	充满
4	常亮	—	1s 闪烁一次	过热保护
5	常亮	—	3s 闪烁一次	过电流故障
6	常亮	—	5s 闪烁一次	CP 短路
7	常亮	—	常亮	CP 异常故障

1）跳闸或处于急停状态故障。处理方案如下：
① 拧开检修口（充电盒侧壁），确认断路器状态，合闸即可。
② 重新旋转急停按钮恢复。
2）充电盒内部故障。处理方案如下：测量接线仓内部电压是否满足 220V（±10%），排除接线故障，同时确认检修口内断路器未跳闸且急停按钮未被按下，如图 3-4-53 所示。

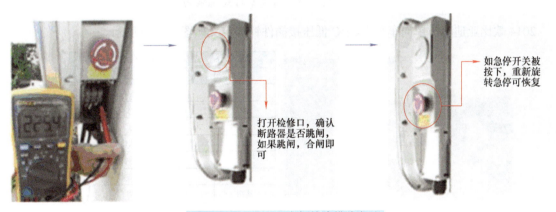

图 3-4-53　充电盒内部故障排除方法

　见配套习题册

3. 车载充电器

1）安装位置：车载充电器（On-Board Charger Assy，OBC）位于后行李舱右部。
2）功用：车载充电器将交流充电口传递过来的交流电源转换为直流高压电为动力蓄电池充电。
3）实物结构介绍。
2014 款比亚迪秦 OBC 插接器如图 3-4-54 所示。

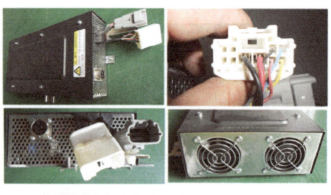

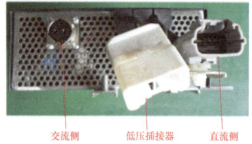

图 3-4-54　2014 款比亚迪秦 OBC 插接器

2014 款比亚迪秦（单向车载）OBC 低压接插件针脚定义如图 3-4-55 所示。

低压插接器端子	
编号	定义
3	CAN-L
4	充电指示灯信号
7	搭铁
8	持续10A电流
9	CAN-H
10	充电感应信号
其余	空脚

图 3-4-55　2014 款比亚迪秦（单向车载）OBC 低压接插件针脚定义

2015 款比亚迪秦 OBC 接插头如图 3-4-56 所示。

图 3-4-56　2015 款比亚迪秦 OBC 接插头

2015款比亚迪秦（双向车载）OBC低压插接器针脚定义如图3-4-57所示。

编号	引脚定义	技术要求	备注
A	CP	0~100%占空比	1kHz
B	放电触发信号	（预留）	车内放电请求开关信号
C	充电感应信号	拉低有效	BMS得电工作
D	充电连接信号	—	插枪信号，禁上OK档
E	CC	—	识别枪类及连接情况同时使OBC得电工作
F	开盖检测	（预留）	开盖停止工作
G	电源地	车身地	电源负极
H	常电	常电2mA静态功耗，7A持续	电源正极，充电电压13.8(1±5%)V,充电电流7A,静态功耗<2mA
J	CAN_H	动力网250K	CANH
K	CAN_L	动力网250K	CANL
L	CAN屏蔽	—	屏蔽线
M	ON档电	12V	整车ON档配电，车载得电工作
N	高压互锁输入	PWM信号	串接在高压线上后拉至搭铁点
P	—	—	—
R	—	—	—
S	—	—	—
T	预配电	12V	由BCM输入，唤醒休眠状态下的OBC
U	L相温度检测	（预留）	温度检测
V	检测信号地	（预留）	温度检测GND

图3-4-57　2015款比亚迪秦（双向车载）OBC低压插接器针脚定义

对外放电插排（5m长）只要高压正常，蓄电池包低于5%时，整车任何电源档位均可放电，如图3-4-58所示。

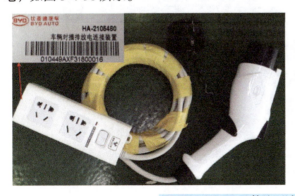 

图3-4-58　2015款比亚迪秦（双向车载）插排

2015款比亚迪秦充电数据流如图3-4-59所示。
2015款比亚迪秦VTOL数据流如图3-4-60所示。
4）车载充电器总成拆装
①结构组成。车载充电器总成由盒盖、盒体、支架、散热器等组成。
②拆卸维修前需操作如下。
a.点火开关OFF档。

b. 起动蓄电池断电。

c. 拆卸后行李舱右后内饰板。

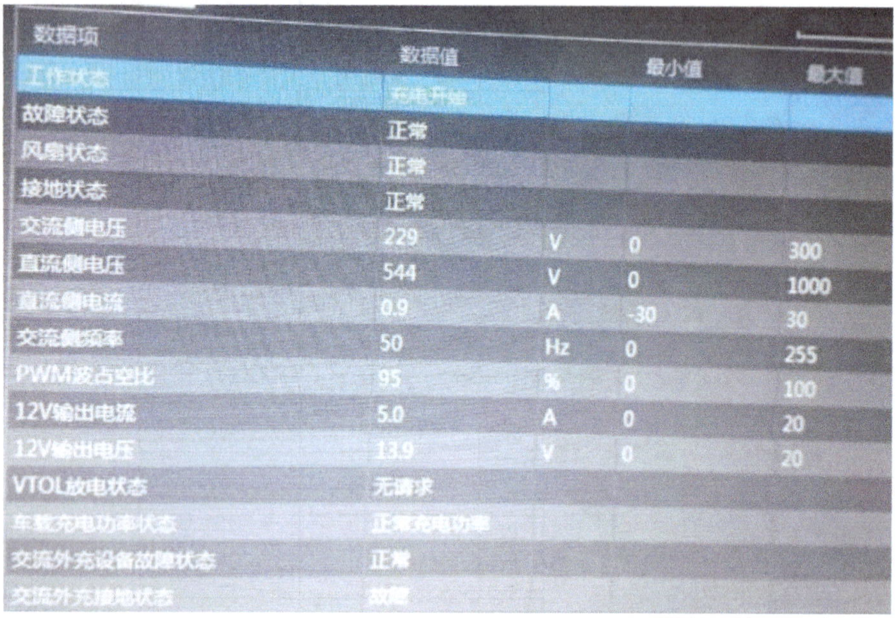

数据项	数据值		最小值	最大值
工作状态	充电开始			
故障状态	正常			
风扇状态	正常			
接地状态	正常			
交流侧电压	229	V	0	300
直流侧电压	544	V	0	1000
直流侧电流	0.9	A	-30	30
交流侧频率	50	Hz	0	255
PWM波占空比	95	%	0	100
12V输出电流	5.0	A	0	20
12V输出电压	13.9	V	0	20
VTOL放电状态	无请求			
车载充电功率状态	正常充电功率			
交流外充设备故障状态	正常			
交流外充接地状态	故障			

图 3-4-59　2015 款比亚迪秦充电数据流

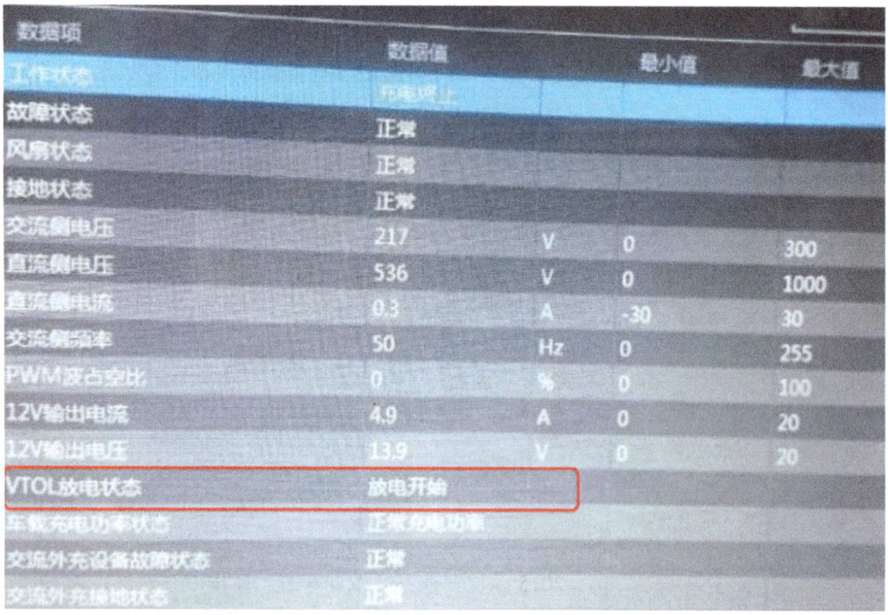

数据项	数据值		最小值	最大值
工作状态	充电停止			
故障状态	正常			
风扇状态	正常			
接地状态	正常			
交流侧电压	217	V	0	300
直流侧电压	536	V	0	1000
直流侧电流	0.3	A	-30	30
交流侧频率	50	Hz	0	255
PWM波占空比	0	%	0	100
12V输出电流	4.9	A	0	20
12V输出电压	13.9	V	0	20
VTOL放电状态	放电开始			
车载充电功率状态	正常充电功率			
交流外充设备故障状态	正常			
交流外充接地状态	正常			

图 3-4-60　2015 款比亚迪秦 VTOL 数据流

③ 拆卸

a. 断开外部插接器，包括高压输出插接器（接高压配电箱的电缆），低压插接器（包含 CAN 线线束，交流输入插接器（220V 电源线）。

b. 用棘轮将车载充电器交流输入搭铁线的 M6 六角法兰面螺母松开，并将固定车载三个支架上的 M6×12 六角法兰面承面带齿螺栓拧下（如图 3-4-61 所示）。

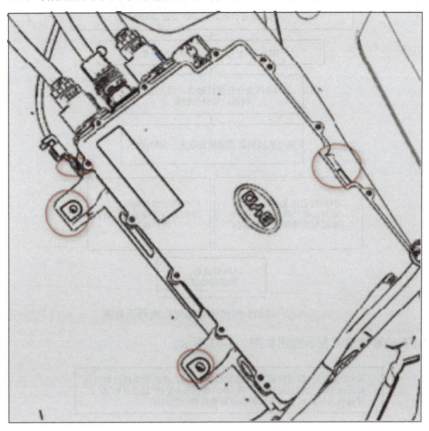

图 3-4-61　2015 款比亚迪秦 OBC 固定支架螺栓位置示意图

c. 将车载充电器轻轻取出。

④ 装配

a. 戴上手套，把车载充电器放置在行李舱安装支架上，使车载充电器支架上的孔和车身上支架的孔对正；将车载充电器安装在行李舱右侧，先将右侧通风口处六角法兰面承面带齿螺栓先拧上，将车载充电器推入、对准孔位，再将左侧两颗六角法兰面承面带齿螺栓固定同时将 3 颗螺栓拧紧，拧紧力矩要求约 8N·m；

b. 再将交流输入插接器和搭铁线固定好。插接器对准防错角度插入再顺时针拧紧锁死，搭铁线用六角法兰面螺母拧紧，拧紧力矩要求约 6N·m；校核无误后打上油漆印记；

c. 然后将低压插接器和高压输出插接器对接固定好。

注意：操作员操作时应戴好手套，以免碰伤。安装前确保车载充电器外观清洁，表面油漆不应有划痕。

 习题十四　见配套习题册

4. 充放电流程示意图

2015 款比亚迪秦充电流程示意图如图 3-4-62 所示。

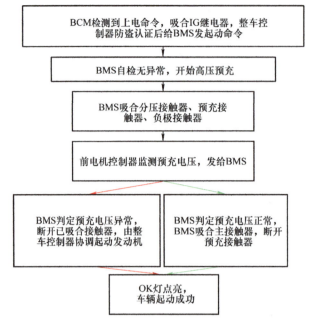

图 3-4-62　2015 款比亚迪秦充电流程示意图

2015 款比亚迪秦放电流程示意图如图 3-4-63 所示。

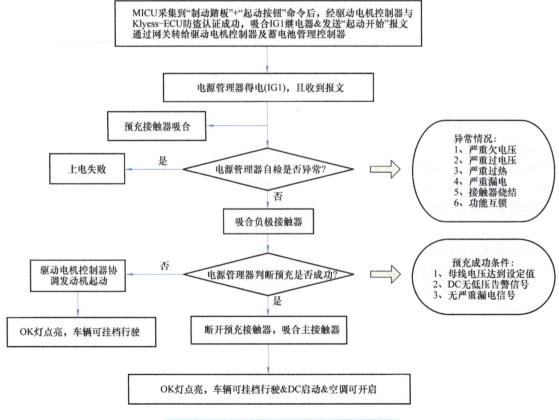

图 3-4-63　2015 款比亚迪秦放电流程示意图

5. 充电系统框图

2015款比亚迪秦充电系统框图如图3-4-64所示。

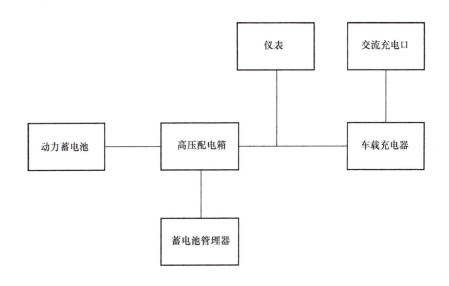

图3-4-64　2015款比亚迪秦充电系统框图

6. 充电请求允许电路图

充电请求允许电路图如图3-4-65所示。

7. 车载充电工作过程

交流充电连接装置与车载充电器总成连接无误后，车载充电器总成控制交流充电连接装置输出220V交流电并控制交流充电及OFF档充电继电器吸合，通过交流充电及OFF档充电继电器给蓄电池管理控制器及高压配电箱提供低压电源；同时车载充电器总成与蓄电池管理控制器进行通信，在充电允许的情况下，蓄电池管理控制器控制交流充电接触器及负极接触器吸合；车载充电器检测到动力蓄电池包的反灌电压后输出充电电压进行充电。

车载充电工作流程图如图3-4-66所示。

维修总结：

根据车载充电工作过程分析，无法充电的原因如下：

1）外部电源故障。

2）交流充电连接装置故障。

3）低压线束故障。

4）车载充电器总成故障。

5）蓄电池管理控制器故障。

6）高压配电箱总成故障。

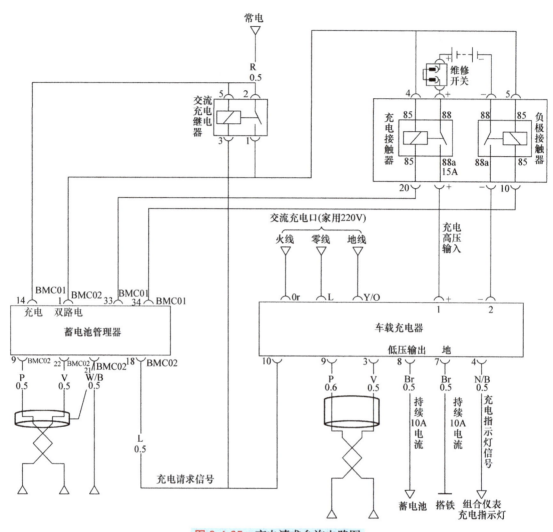

图 3-4-65　充电请求允许电路图

图 3-4-66　车载充电工作流程图

8. 充电方式

（1）预约充电　按照客户设置的充电时间对车辆定时充电，预约充电界面如图3-4-67所示。

在连接220V电网给整车充电时，可以对充电开始时间进行设置，此功能称为预约充电功能；使用该功能可以利用低谷电价，进一步节省用车成本。

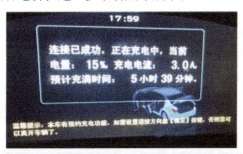
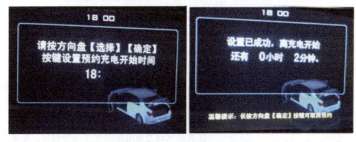

图3-4-67　预约充电界面

注意：预约充电设置后、开始充电之前的时间内，交流充电及OFF档充电继电器处于吸合状态，即车载充电器、高压BMS、仪表是处于正常通讯状态；且车载充电器有低压输出。

（2）即时充电　一般直接充电。家用单相交流充电性能参数：
输入电压为220VAC50Hz，输入功率为1.5kW。

（3）智能充电　智能充电的对象是低压蓄电池（铁电池）。

比亚迪秦车型具有智能充电功能，长时间停放时，无需断开低压蓄电池负极。当低压蓄电池管理器检测到起动蓄电池电量过低时，可以通过动力蓄电池或起动发动机给起动电池充电。一般情况下，主要通过动力蓄电池给起动电池充电，因此长时间放置后再次起动时，SOC会下降。当动力蓄电池电量不足时，会自动起动发动机给起动电池充电，每次充电时间为30min。

注意：① 智能充电起动的前提是前后机舱盖关闭，且发动机起动充电要求车辆处于低功耗（如防盗状态）。

② 车辆在长时间放置过程中，可能会出现发动机自动起动的现象，建议长时间停放车辆时，不要置于密闭环境中，尾气排放会降低空气质量。

（4）应急充电　当出现动力蓄电池没电、车辆没油，整车无法智能充电，铁电池低功耗到亏电，导致车辆彻底无法上电和正常充电，此时提供给您一个应急的充电方式来救活车辆。手动拉索打开充电口盖，连接好充电枪后，长按开关组上的"应急充电"按钮10s以上，听到"咔咔"两声，车辆进入应急充电模式，仪表正常显示充电信息。

注意：应急充电过程中不应进行其他用电操作，且前舱盖和行李舱盖应保持关闭状态，否则极有可能导致应急充电进入失败，只能通过外接充电器给蓄电池充电解决问题。

（5）一般充电故障诊断　充电系统常见故障见表3-4-4。

表 3-4-4　充电系统常见故障

故障状态	可能原因	解决方法
不能充电，物理连接完成，已启动充电（包含三芯转七芯）	电源置于 OK 档	将电源档位置于 OFF 档
	动力蓄电池已充满	动力蓄电池已充满时，充电会自动停止
	12V 铁电池过放电	寻找其他 12V 电源，如搭接其他车辆的 12V 铁电池，充电开始后，会同时给铁电池充电
	车辆或交流充电连接装置故障	确定仪表板上有蓄电池警告灯点亮，或是有充电系统故障提示语，停止充电，与比亚迪认证的经销商联系
充电中途停止充电	电源断电	电源恢复后，充电会自动重新开始充电
	充电电缆没有连接完好	确认充电连接装置电缆没有虚接
	充电连接装置开关被按下	充电连接装置开关被按下则停止充电，则需重新连接充电连接装置，启动充电
	动力蓄电池温度过高	仪表显示动力蓄电池温度过高警告灯，充电会自动停止，待蓄电池冷却后再充电
	车辆或车载充电器发生故障	确认仪表提示，读取相关数据流分析

9. 交流充电连接装置检修及排查

（1）指示灯状态识别　见表 3-4-5。

表 3-4-5　充电指示灯状态识别

序号	红色指示灯	绿色指示灯	状态说明	位置
1	长亮	—	待机 / 起动状态	
2	长亮	闪烁（1s 一次）	充电状态（搭铁线连接正常）	
3	两灯同时闪烁（1s 一次）		充电状态（搭铁线连接异常）	
4	长亮	长亮	充电完成	
5	闪烁（1s 一次）	长亮	过热保护	
6	两灯同时闪烁（3s 一次）		过电流保护	
7	电源灯和充电灯交错闪烁（1s 一次）		漏电保护	
8	闪烁（3s 一次）	长亮	CP 异常保护	

（2）充电枪端子识别　如图3-4-68所示。3.3kW充电枪CC与PE阻抗检测如图3-4-69所示；对外放电插排CC与PE阻抗检测如图3-4-70所示。

七芯插枪定义	
CC	充电连接确认
CP	控制确认
PE	搭铁保护
L	交流电源
N	中线
NC1	备用1
NC2	备用2

	充电盒CC与PE阻值	
1	3.3kW充电盒	680Ω
2	7kW充电盒	220Ω
3	40kW充电盒	100Ω
4	对外放电插排	2kΩ

图 3-4-68　充电枪端子识别图

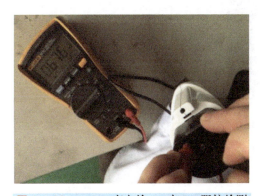

图 3-4-69　3.3kW 充电枪 CC 与 PE 阻抗检测

图 3-4-70　对外放电插排 CC 与 PE 阻抗检测

（3）常见故障模式

1）无法充电（电源指示灯不亮）。

处理方案：使用万用表测量电源电压，电压范围值；AC 220V（1±10%），如果电源电压正常，可直接更换交流充电连接装置。

2）无法充电（电源指示灯亮，插入充电枪，车辆不能进入充电状态，充电指示灯未闪烁）。

处理方案：首先观察指示灯，如图3-4-71所示。

① 测量 CC 与 PE 之间阻值，旧国标为 680（1±3%）Ω，新国标为 1.5（1±3%）kΩ（生产日期为2017年4月之后车辆），如图3-4-72所示。

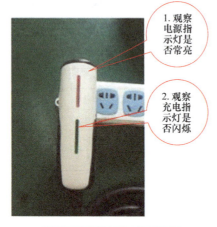

图 3-4-71 充电枪指示灯

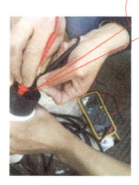

图 3-4-72 下拉电阻检测

② 测量 CP 对 PE 之间电压，标准为（12±0.8）V，如图 3-4-73 所示。

以上两测量数据若有任何一样不符合，检查外观无拆封、进水迹象，可直接更换总成。

图 3-4-73 CP 电压检测

③ 测量交流充电连接装置电源三相插头阻值是否正常，如图 3-4-74 所示。

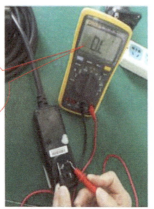
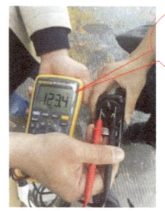

图 3-4-74 电源三相插头阻值检测

④ 充电时检查充电枪微动开关是否与充电口连接良好、卡扣是否卡到位，如图 3-4-75 所示。

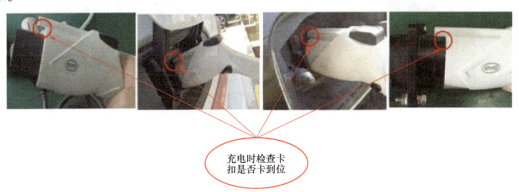

图 3-4-75　充电枪微动开关检查

注意：
① 电源侧插座应严格使用符合标准要求的插座，严禁使用其他插座。
② 电源插座前端需配备额定电流为 10A 的漏电断路器。
③ 电源侧采用单相三线制进线（L、N、PE），并按标准接线，否则易造成故障、危险或者线上控制盒的损坏。
④ 充电过程中，严禁强行拔出交流车辆充电枪，否则易造成损坏以及危险。

10. 交流充电口总成检修及排查

（1）交流充电口总成　交流充电口总成结构如图 3-4-76 所示。

交流充电口总成解锁状态如图 3-4-77 所示。

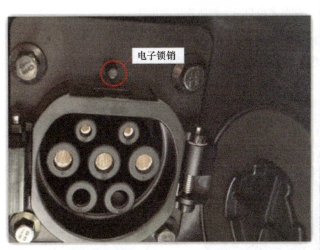
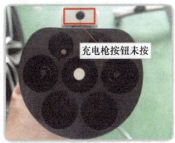
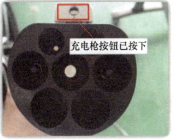

图 3-4-76　交流充电口总成结构

 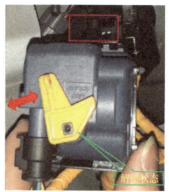

图 3-4-77　交流充电口总成解锁状态

（2）常见故障模式

1）交流充电口电子锁防盗功能失效（车辆闭锁充电枪可直接拔出）。

处理方案：客户误操作关闭电子锁防盗模式，检查多媒体行驶设置——充电口电锁工作模式设置——启用防盗，如图 3-4-78 所示，步骤如下：

启用防盗：所有插枪信号下都要执行闭锁防盗。

停用防盗：所有插枪信号下都不闭锁。

车辆出厂默认模式：启用防盗。

图 3-4-78　交流充电口电子锁防盗功能开启

2）电子锁装配问题（车辆锁止时，充电枪无法进入防盗模式）。

处理方案：查看电子锁销是否伸出 / 空洞，电子锁是否脱轨或退出，如图 3-4-79 和图 3-4-80 所示。

图 3-4-79　电子锁销脱落、空洞　　　　　图 3-4-80　电子锁脱轨

3）充电锁锁销尺寸不符合标准公差（车辆锁止时，充电枪无法进入防盗模式）。

处理方案：确认电子锁与充电座滑轨装配到位后，闭锁状态时使用千分尺测量锁芯长度是否符合（8±0.5）mm，如图 3-4-81 所示。

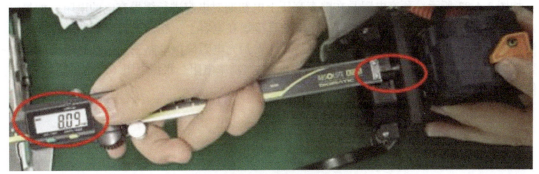

图 3-4-81　充电锁锁销尺寸检查

4）电子锁故障（车辆充电充电枪防盗模式失效）。

处理方案：手动倒拨电子锁应急开关，通过钥匙开闭锁，观察锁销是否能正常伸缩。

 见配套习题册

（七）高压电缆

高压电缆是连接动力蓄电池与每个高压负载的神经，如图 3-4-82 所示，由高压电缆将动力蓄电池的电输送到每个高压负载，保障负载电力输送的稳定性。整车高压线束包含如下：

1）蓄电池包正、负极连接线。
2）蓄电池包串联线Ⅰ、Ⅱ。
3）驱动电机控制器直流母线。
4）空调高压线。
5）PTC 小线。
6）车载充电器小线。
7）其他零部件自带的高压橙色线束。

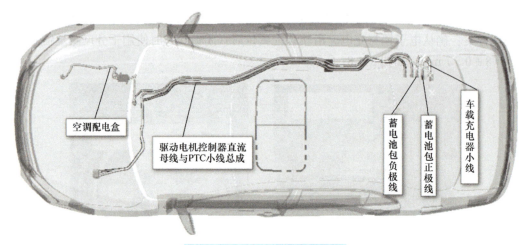

图 3-4-82　高压电缆线分布图

（八）预充

如图 3-4-83 所示，预充电阻是在整车高压上电初期对电容进行缓慢充电的电阻，如果没有预充电阻，充电电流过大会击穿电容。高压电直接加在电容上，相当于瞬间短路，过大的短路电流会损坏高压电气元件。因此，设计回路时计入预充电阻确保电路安全。预充电阻的类型有铝壳电阻（又称黄金电阻）、热敏电阻（PTC 电阻）、功率电阻、水泥电阻（陶瓷电阻），目前通常使用的是铝壳电阻。

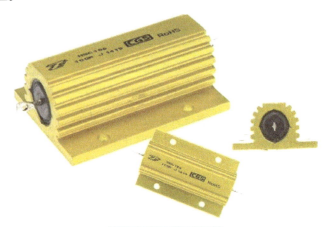

图 3-4-83　预充电阻

新能源汽车中高压电路中有两处用到预充电阻，分别是电机控制器预充回路、高压附件预充回路。电机控制器（逆变电路）中有较大的电容，需要进行预充，控制电容充电电流。高压附件中一般还有 DC/DC（直流转换器）、OBC（车载充电机）、PDU（高压配电盒）、油泵、水泵、AC（空调压缩机）等零部件，零部件内部也会有大电容，因此需要进行预充。

若预充电阻为 R、预充时间为 T、所需预充的电容为 C，则预充时间一般为 3～5 倍的 RC，预充时间一般为毫秒级别的。因此说预充可以很快完成，并不会影响整车上电的控制策略。预充是否完成的判断条件为是否达到动力蓄电池电压的 2/3（通常如此）。在预充电阻选型时主要应该考虑以下几个条件：动力蓄电池电压、接触器额定电流、电容 C 值、最高环境温度、电阻的温升、预充后的电压、预充时间、绝缘电阻值、脉冲能量。

车辆预充完成的主要控制流程如下：

如图 3-4-84 所示为比亚迪秦的预充结构图。当高压 BMS 接收到起动信号（按下起动按钮）以后，通过 CAN 线与蓄电池信息采集器通信，检测蓄电池包内单体蓄电池电压、温度及容量等参数是否正常，并通过漏电传感器检测是否存在漏电情况。如果以上参数正常，则控制蓄电池包内 4 个分压接触器吸合。与此同时，高压 BMS 开始控制高压配电箱上预充接触器与负极接触器吸合，当驱动电机控制器检测预充电压已经达到蓄电池包总电压的 2/3 以上时，通过 CAN 线通信告知高压 BMS 预充完成，高压 BMS 即断开预充接触器，吸合正极接触器，整车高压上电。如果高压 BMS 在 10s 之内仍未检测到预充完成信号，则断开预充回路（包括预充接触器、负极接触器及电池包内部 4 个分压接触器）。

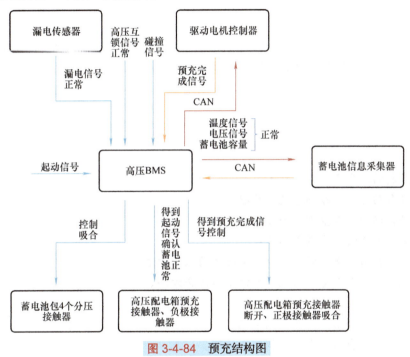

图 3-4-84　预充结构图

维修总结：

（1）上 ON 档电蓄电池包预充接触器控制逻辑　车辆上 ON 档电，高压 BMS 直接控制 4 个分压接触器吸合，分压接触器吸合后高压 BMS 对电池包进行检测，如有漏电、采样线故障等电池异常情况，4 个分压接触器将断开，如无异常，4 个分压接触器将一直处于吸合状态。

（2）上 OK 档电预充过程　车辆上 OK 档电，高压 BMS 吸合高压配电箱的预充接触器、负极接触器，驱动电机控制器的直流输入母线电压上升，当达到蓄电池包总电压的 2/3 时，预充完成，驱动电机控制器给高压 BMS 发送命令，高压 BMS 接收到预充完成命令后，断开预充接触器，吸合主接触器（正极接触器），预充完成，由于主接触器的吸合，驱动电机控制器直流母线电压继续升高，直至达到蓄电池包电压，车辆高压电上电完成。

如果在预充的过程中，驱动电机控制器未能接收到 2/3 的蓄电池包总电压，则预充失败，高压 BMS 报出"P1A3400：预充失败故障"。

如果预充完成，但由于主接触器故障等原因，导致驱动电机控制器直流输入母线电压未能达到电池包电压，则驱动电机控制器报出：高压侧输入欠压。

（3）上 OK 电过程中 若驱动电机控制器直流输入母线电压有所升高，但是依旧无法达到 2/3 蓄电池包总电压，则先拔开电动空调、PTC 进行测试。

习题十六 见配套习题册

任务五 混合动力汽车的冷却系统

任务驱动

比亚迪新能源汽车 4S 店接到一辆比亚迪秦插电式混合动力汽车，该车能正常行驶，但炎热的酷暑空调制冷不能使用，空调制热正常，请排除此车的空调故障。

教学目标

◎ 知识目标
1）了解最新的现代汽车空调技术。
2）掌握混合动力汽车冷却系统结构组成。
3）理解混合动力汽车空调制冷原理。
4）理解混合动力汽车空调制热原理。
5）熟悉混合动力汽车空调系统电路原理图的识读方法。
6）熟悉混合动力汽车空调系统故障诊断与排除方法。

◎ 技能目标
1）能正确操作混合动力汽车空调系统。
2）能正确分析混合动力汽车空调制冷原理。
3）能正确分析混合动力汽车空调制热原理。
4）能正确分析混合动力汽车电池热管理原理。
5）能正确识读混合动力汽车空调系统电路原理图。
6）能选用正确的工具进行混合动力汽车空调系统故障诊断与排除。

◎ 德育目标
1）培养学生不抛弃不放弃的团队协作精神。
2）培养学生潜心研究的工匠精神。
3）培养学生面对困难不退缩，积极主动找办法的敬业精神。
4）培养学生在检修过程中具有诚实守信的良好职业操守。
5）培养学生重视检修规范和安全环保意识。

知识准备

一、空调系统组成与工作原理

（一）系统组成

空调系统由 PTC 加热器总成、冷凝器总成、室外温度传感器、电动压缩机、机械式压缩机、日光照射传感器、空调控制器、室内温度传感器、空调控制面板、蒸发箱体总成、压力传感器组成。

空调系统分布图如图 3-5-1 和图 3-5-2 所示。

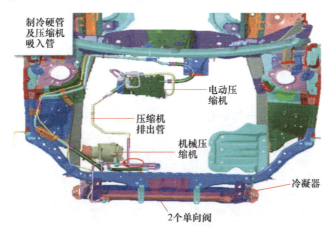

图 3-5-1 空调系统分布图（一）

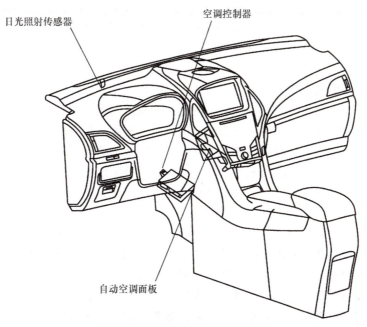

图 3-5-2 空调系统分布图（二）

空调界面及按键示意图如图 3-5-3 所示。

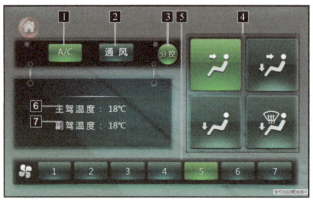

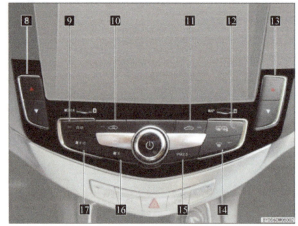

图 3-5-3 空调界面及按键

1—A/C 开关 2—通风开关 3—分控按键 4—空调出风模式选择按键 5—空调风量调节按键
6—主驾（驾驶侧）温度显示 7—副驾前排乘客侧温度显示 8—主驾温度调节按键 9—自动空调按键 10—内循环按键
11—外循环按键 12—后挡风玻璃及外后视镜除霜按键 13—副驾温度调节按键 14—前挡风玻璃除霜按键
15—PM2.5 按键 16—空调关闭按键 17—手动空调按键

（二）系统特点

1. 制冷采用双压缩机

整车有电时，由电动压缩机将低压气态的制冷剂从蒸发器中抽出进入电动压缩机中，通过电动压缩机压缩做功形成高温高压的气态介质进入到冷凝器，高温高压气态制冷剂通过冷凝器与车外空气进行换热后变成常温高压液态的介质，高压液态的制冷剂经膨胀阀的节流在蒸发器里面膨胀蒸发，膨胀蒸发的制冷介质通过蒸发器吸收流经蒸发器的空气热量，降温后的气流通过鼓风机带入车内达到制冷的效果，蒸发换热后的低压气态介质重新吸入电动压缩机进行下一个循环。

整车没电时，由传动带驱动压缩机将低压气态的制冷剂从蒸发器中抽出进入传动带驱动压缩机中，通过传动带驱动压缩机压缩做功形成高温高压的气态介质进入到冷凝器，高温高压气态制冷剂通过冷凝器与车外空气进行换热后变成常温高压液态的介质，高压液态的制冷剂经膨胀阀的节流在蒸发器里面膨胀蒸发，膨胀蒸发的制冷介质通过蒸发器吸收流经蒸发器的空气热量，降温后的气流通过鼓风机带入车内达到制冷效果，蒸发换热后的低压气态介质重新吸入传动带驱动压缩机进行下一个循环。

空调制冷框架图如图 3-5-4 所示。

2. 制热采用 PTC 制热与传统制热

供暖系统采用水暖式制热，采暖系统主要由发动机、空调采暖电动水泵、PTC 水加热器、蒸发器、鼓风机及一些串联采暖介质的胶管及通风管组成。混合动力有如下两种采暖方式。

EV 模式：主要利用 PTC 水加热器来加热空调采暖系统中的冷却介质，加热的冷却介质通过空调电动水泵进行循环，加热的冷却介质流经暖风芯体后与穿过暖风芯体的气流进行换热，加热后的气流通过鼓风机带入乘员舱，冷却的介质重新回到 PTC 里面进行加热。如此循环，达到 EV 模式的采暖，且在 PTC 加热满足不了当前采暖需求时，空调会请求起动发动机进行辅助加热。

HEV 模式：主要利用发动机工作产生的余热，通过发动机工作带动的机械水泵，将发动机工作加热器的冷却介质带入空调箱体中的暖风芯体的气流进行换热，再由鼓风机将加热的气流带入乘员舱，从而达到采暖的效果；且在发动机余热满足不了当前采暖需求时，会通过开启 PTC 水加热器进行辅助加热。

空调制热框架图如图 3-5-5 所示。

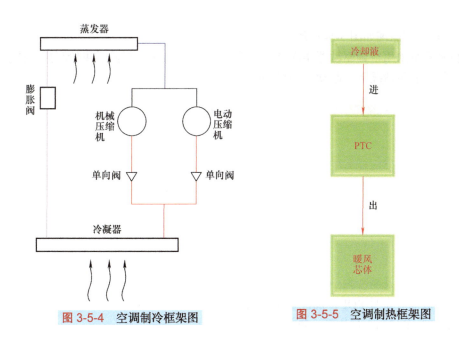

图 3-5-4　空调制冷框架图　　　图 3-5-5　空调制热框架图

（三）制冷系统工作原理

如图 3-5-6 所示，压缩机将蒸发器低温低压的气态制冷剂压缩成高温高压（80～90℃，1.5MPa）的气态制冷剂，送往冷凝器冷却。通过冷凝器与外部空气进行热交换，制冷剂被冷凝成中温，压力约为 1.0～1.2MPa 的液态工质，冷凝后的液态制冷剂经膨胀阀进入蒸发器。从膨胀阀过来的低温低压的蒸汽经蒸发器不断吸收车厢空气的热量，变成低温低压（0℃，0.15MPa）的气态制冷剂进入压缩机进行下一个循环。

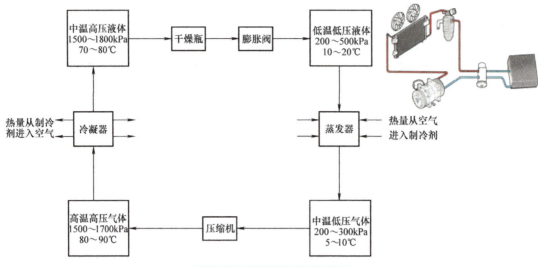

图 3-5-6 空调制冷工作原理

（四）制热系统工作原理

空调制热工作原理如图 3-5-7 所示。

1）供暖系统采用空调驱动器驱动 PTC 加热器，PTC 加热冷却液后供给暖风芯体。

2）条件不满足情况下，起动发动机制热。

图 3-5-7 空调制热工作原理

（五）冷冻机油及制冷剂

1）冷冻机油：型号 POE，加注量 120mL。

2）制冷剂：R134a，加注量：600g。

（六）风扇控制逻辑

1）发动机出水口温度高于 98℃ 或散热器出水口水温高于 80℃ 的时候风扇低速转。

2）发动机出水口温度为低于 96℃ 且散热器出水口温度低于 65℃ 的时候风扇停。

3）发动机出水口温度高于 106℃ 或者散热器出水口水温高于 86℃ 的时候风扇高速转。

4）发动机出水口温度为低于 100℃ 且散热器出水口温度低于 75℃ 的时候风扇停。

注意：空调打开后，且 ECU 检测到中压开关低电平信号后，控制风扇高速转。风扇高速工作之前，低速风扇必须先运行 2s，然后风扇高速运转。

开启压缩机的同时，空调控制器会发送电子风扇档位：

1）当空调系统压力 < 1.47MPa 时，发送低速档位。

2）当空调系统压力≥1.47MPa 时，发送高速档位。

注意：当压缩机关闭时，空调控制器延时约 1min 后发送不工作档位。

二、空调系统控制原理及故障诊断

（一）制冷控制原理

空调制冷控制原理如图 3-5-8 所示。

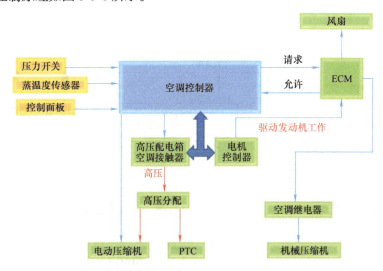

图 3-5-8　空调制冷控制原理

（二）制热控制原理

空调制热控制原理如图 3-5-9 所示。

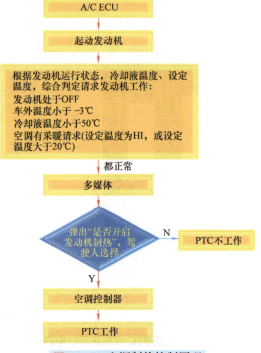

图 3-5-9　空调制热控制原理

(三)空调典型部件

1. 压缩机

空调压缩机结构及电路图如图 3-5-10 所示。

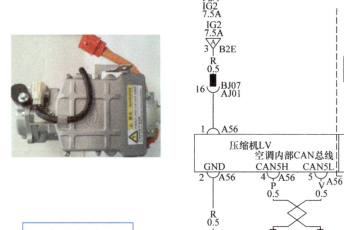

图 3-5-10　空调压缩机

2. PTC 水加热器总成

PTC 水加热器总成结构图原理如图 3-5-11 所示。

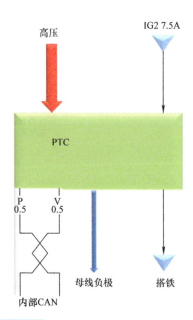

图 3-5-11　空调 PTC 水加热器结构原理图

3. 鼓风机

空调鼓风机电路图如图 3-5-12 所示。

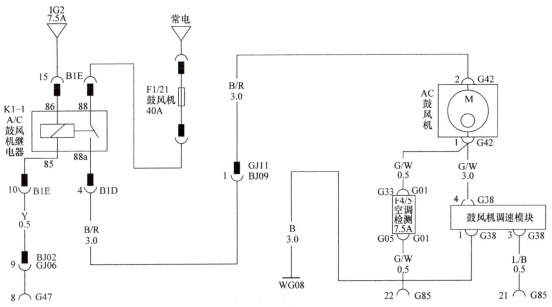

图 3-5-12　空调鼓风机

4. 室外温度传感器

空调室外温度传感器电路图如图 3-5-13 所示。

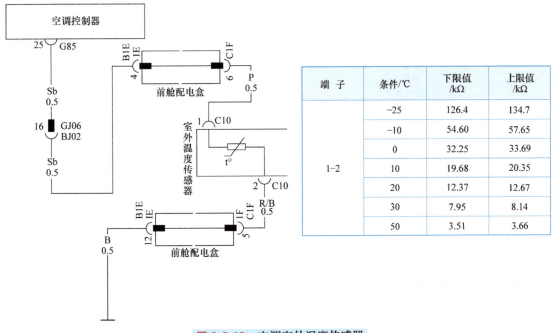

端　子	条件/℃	下限值/kΩ	上限值/kΩ
1—2	−25	126.4	134.7
	−10	54.60	57.65
	0	32.25	33.69
	10	19.68	20.35
	20	12.37	12.67
	30	7.95	8.14
	50	3.51	3.66

图 3-5-13　空调室外温度传感器

5. 室内温度传感器

空调室内温度传感器电路图如图 3-5-14 所示。

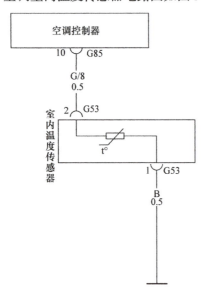

端 子	条件/℃	下限值/kΩ	上限值/kΩ
1—2	−25	126.4	134.7
	−10	54.60	57.65
	0	32.25	33.69
	10	19.68	20.35
	20	12.37	12.67
	30	7.95	8.14
	50	3.51	3.66

图 3-5-14　空调室内温度传感器

6. 蒸发器温度传感器

蒸发器温度传感器电路图如图 3-5-15 所示。

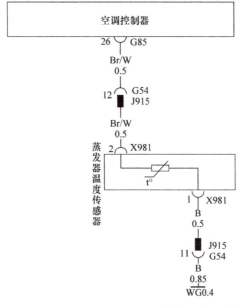

端 子	条件/℃	下限值/kΩ	上限值/kΩ
1—2	−25	14.82	16.38
	−10	5.081	5.559
	0	3.101	3.359
	10	2.466	2.644
	20	1.946	2.106
	30	1.276	1.354
	50	0.845	0.897

图 3-5-15　空调蒸发器温度传感器

7. 出风模式控制电机

出风模式控制电机电路图如图 3-5-16 所示。

项目三 典型混合动力汽车车型分析

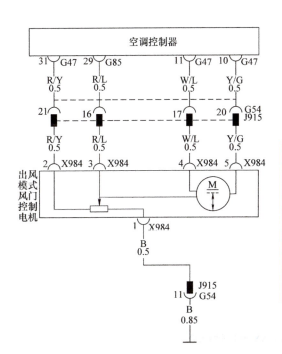

端子	正常情况
X984-4-蓄电池正极 X984-5-蓄电池负极	模式控制电机应当运行自如，并在吹面通风处停止
X984-5-蓄电池正极 X984-4-蓄电池负极	倒装接头，模式控制电机应当运转平稳，在前除霜处停止

端子	条件	正常情况
G47-31-车身地	开空调	约5V
G85-29-车身地	吹面	约0.2V
	吹脚除霜	约3.1V
	吹面吹脚	约1.1V
	吹脚	约2.5V
G47-11-G47-10	调节出风模式	11～14V

从空调控制器连接器G4、G85后端引线，打开空调，检查端子输出值

图 3-5-16 出风模式控制电机

8. 冷暖电机

冷暖电机电路图如图 3-5-17 所示。

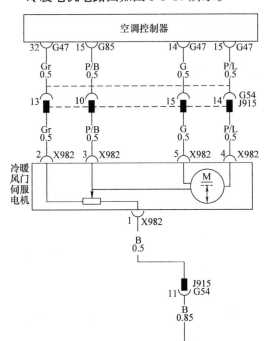

端子	正常情况
X982-4-蓄电池正极 X982-5-蓄电池负极	冷暖混合控制电机应当运转自如，并在最大制冷状态时停止
X982-5-蓄电池正极 X982-4-蓄电池负极	倒装接头，冷暖混合控制电机应当运转平稳，并在最大加热状态时停止

端子	条件(调节温度)	正常情况
G47-32-车身搭铁	开空调	约5V
G85-15-车身搭铁	32℃ 25℃ 18℃	约0.9V 约1.9V 约4.1V
G47-14-G47-15	调节温度	11～14V

图 3-5-17 出风模式控制电机

9. 内部 CAN 网络

内部 CAN 网络结构图如图 3-5-18 所示。

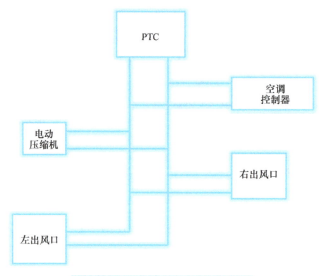

图 3-5-18　内部 CAN 网络结构图

（四）故障诊断

汽车空调系统故障包括电器故障、功能部件的机械故障、制冷剂和冷冻机油引起的故障等，集中表现为系统不制冷、制冷不足、不制热、制热不足或异响等。

1. 基本判断

基本方法是指根据看、听、摸等方式直观感觉到故障的部位。

（1）看

1）首先查看仪表板上的压力、冷却液温度、油压及各性能指示灯是否显示正常。

2）观察冷凝器、蒸发器及管路连接处是否有油污，如有则说明有制冷剂和冷冻润滑油泄漏。

3）系统部件和管路接头处是否有结霜、结冰现象。

4）从储液干燥器视液窗观察制冷剂量。

（2）听　耳听压缩机、送风机、排风机是否有异常声音。

（3）摸　开启制冷系统 15～20min 后，用手触摸系统部件，感受其温度。

1）压缩机进、排气管，应有明显温差。

2）冷凝器进、出口管应有温差，出口管温度应低于进口处温度。

3）储液干燥器进、出口温度的比较：进口温度与出口温度相等时，表示冷气系统正常；进口温度低于出口温度时，表示制冷剂不足；进口温度高于出口温度时，表示制冷剂过多。

4）膨胀阀进、出口温差明显。

注意：在用手触摸高压区部位时要防止烫伤。如果压缩机高、低压侧之间没有明显温差，则说明制冷剂泄漏严重。

2. 压力检测

制冷系统工作时，内部压力变化与温度是密切相关的，这正是进行诊断的依据。根据压力的变化情况，进一步诊断出系统可能出现故障的原因及部位。对于制冷系统而言，歧管压力表组是最常用的工具。

（1）诊断方法　首先将压力表组的高、低压手动阀关闭，然后将压力表组的高、低压软管分别连接到系统的高、低压检修阀上，并利用系统内制冷剂压力排除管内空气。起动空调系统，待压力表指示稳定后即可读取压力值。

（2）诊断标准　空调系统压力正常范围：低压侧0.15～0.25MPa；高压侧1.47～1.67MPa。根据车型不同，测试工况不同，压力范围略有差异。

3. 常见案例分析

1）高压侧与低压侧压力表组指示值比正常值低，通过观察孔可见气泡。如图3-5-19所示为制冷剂填充不足时压力表组数值。

2）在低压与高压两侧，压力表组均指示比标准值高。如图3-5-20所示为制冷剂填充过量时或冷凝器散热不好，压力表组指示。

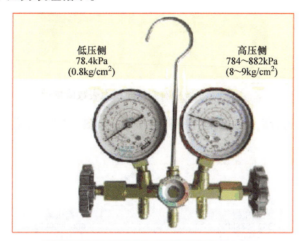

图3-5-19　制冷剂不足时压力表数值指示

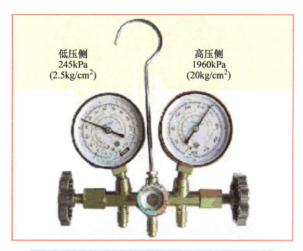

图3-5-20　制冷剂充注过量时压力表数值指示

3）在低压与高压两侧，压力表组均指示比正常值高，高压指针摆动。如图3-5-21所示为系统中混入空气时的压力表组指示。

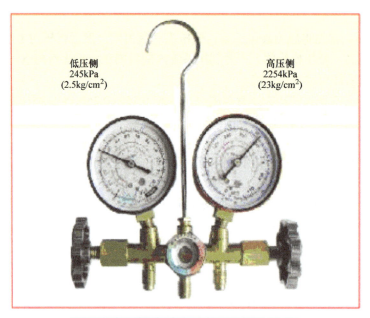

图 3-5-21　系统中有空气时压力表数值指示

4）低压侧制冷剂压力高，高压侧制冷剂压力低。如图 3-5-22 所示为压缩机打不起压或膨胀阀开度大。

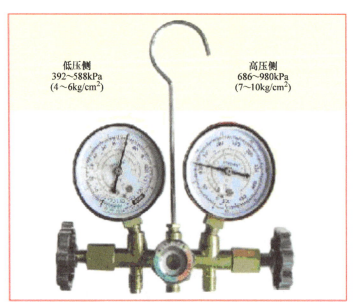

图 3-5-22　压缩机或膨胀阀故障时压力数值指示

4. 故障码解析

空调控制器故障码见表 3-5-1。

表 3-5-1　空调控制器故障码

空调控制器故障码	故障描述	可疑部位
B2A20	室内温度传感器断路	室内传感器回路
B2A21	室内温度传感器短路	
B2A22	室外温度传感器断路	室外传感器回路
B2A23	室外温度传感器短路	
B2A24	蒸发器温度传感器断路	蒸发器传感器回路
B2A25	蒸发器温度传感器短路	
B2A2A	模式电机故障（不存储）	模式电机回路
B2A2B	驾驶侧冷暖电机故障（不存储）	驾驶侧空气混合电机回路
B2A2C	前排乘客侧冷暖电机故障（不存储）	前排乘客侧空气混合电机回路
B2A2D	主控制器控制的鼓风机故障	鼓风机回路
B2A2F	空调管路压力故障	高低压管路
B2A27	阳光传感器短路	阳光传感器回路
B2A4B-00	内外循环电机故障	内外循环电机
B2A44	驾驶侧通道传感器断路	驾驶侧通道传感器回路
B2A45	驾驶侧通道传感器短路	
B2A4B	循环电机故障	循环电机
B2A4C	输入电压过低	电源回路
B2A4D	输入电压过高	
B2A4E	压力传感器断路	压力传感器回路
B2A4F	压力传感器短路	
B2A50	高压接触器烧结	高压接触器
U0146	与网关失去通信故障（包括车速、冷却液温度、放电允许、软关断信号）	网关、线束
U0253	与空调压缩机失去通信故障	空调压缩机、线束
U0254	与 PTC 失去通信故障	PTC、线束
U1103	与安全气囊失去通信故障	SRS、线束

空调压缩机故障码见表 3-5-2。

表 3-5-2　空调压缩机故障码

空调压缩机故障码	故障描述	可疑部位
B2AB0	电流采样电路故障	空调压缩机
B2AB1	电机缺相故障	空调压缩机
B2AB2	IPM/IGBT 故障	空调压缩机
B2AB3	内部温度传感器故障	空调压缩机
B2AB4	内部电流过大故障	空调压缩机
B2AB5	起动失败故障	空调压缩机
B2AB6	内部温度异常	空调压缩机
B2AB7	转速异常故障	空调压缩机
B2AB8	相电压过高故障	空调压缩机
B2AB9	负载过大故障	空调压缩机
U2A01	负载电压过压故障	蓄电池包
U2A02	负载电压低压故障	蓄电池包
B2ABA	内部低压电源故障	空调压缩机、线束

5. 注意事项

1）更换空调零部件后安装新件时应更换接口 O 形圈密封圈。
2）安装空调管路时应在 O 形圈和接口表面涂上足够的压缩机油。
3）按要求使用压缩机润滑油，不良油品会造成压缩机的损坏。
4）为了防止灰尘、异物等外部杂质进入内部，分解下来的管路和管接头部位应用柱塞封好，注意要完全封住各软管，否则压缩机润滑油及储液干燥器将吸收水蒸气。
5）若液体制冷剂接触眼睛和皮肤，应用冷水冲洗，并注意：不要揉眼睛或擦皮肤，在皮肤上涂凡士林软膏。严重的要立刻找医生或医院寻求专业治疗。
6）避免制冷剂过量。若制冷剂过量，会导致制冷量不良，能效降低。
7）高压部分检修要遵循电动车安全维修规范。

三、蓄电池热管理系统工作原理

如图 3-5-23 所示，蓄电池冷却介质通过板换式换热器和空调制冷介质进行热量交换，在板换里面降温后的蓄电池冷却介质通过电动水泵带到动力蓄电池包里面与蓄电池进行热量交换，从而带走蓄电池的发热量，达到蓄电池降温的效果。

空调根据蓄电池包目标温度，通过调节板换处冷媒的状态（压力、温度、流量）和压缩机转速（或开启机械压缩机）来控制蓄电池包进水温度，从而达到精准蓄电池热管理控制。

电池热管理工作模式主要有如下 4 种：

1）乘员舱制冷：打开电磁阀，关闭电子膨胀阀。根据目标通道温度来控制电动压缩机的转速（或者传动带驱动压缩机的开关）。
2）蓄电池冷却：关闭电磁阀，打开电子膨胀阀。根据蓄过热度控制电子膨胀阀开度；根据电池包进口的冷却液温度来控制电动压缩机的转速（或者传动带驱动压缩机的开关），且开启水泵。
3）乘员舱制冷 + 蓄电池冷却：打开电磁阀及电子膨胀阀。根据乘员舱目标通道温度及蓄电池包进口的冷却液温度共同控制电动压缩机的转速（或者传动带驱动压缩机的开关），且开启水泵。
4）蓄电池内循环：空调收到 BMS 内循环命令后，空调开启电动水泵。

四、维修保养

（一）维修空调注意事项

1）保养空调系统必须由专业技术人员进行。
2）维修前应使工作区通风，请勿在封闭的空间或接近明火的地方操作制冷剂。
3）维修前应戴好眼罩，保持至维修完毕。
4）避免液体制冷剂接触眼睛和皮肤。若液体制冷剂接触眼睛和皮肤，应用冷水冲洗，并注意：不要揉眼睛或擦皮肤，在皮肤上涂凡士林软膏，严重的要立刻找医生或医院寻求专业治疗。
5）外接压力表时，请勿在压缩机工作过程中连接，防止连接高压侧压力表时出现制冷剂外喷伤人。
6）冷冻油必须使用专用冷冻油，不可乱用其他品牌的润滑油代替，更不能混用（不同牌

号)。制冷系统冷冻油的补加或减少需按如下要求执行:

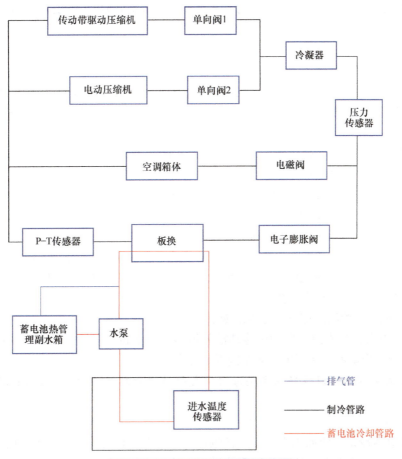

图 3-5-23 蓄电池冷却系统结构图

① 更换压缩机(电动压缩机或传动带驱动压缩机)时,首先需将更换下来的压缩机(洗干压缩机表面尘土)进行称重,让新装上的压缩机重量与拆下来的一样(正常情况下,新压缩机重量比拆下的重)。

② 更换冷凝器、蒸发器、板换等零部件时,通过称重比较新老状态重量,更换新状态零部件后,需要往系统里面加补更换下来多出的冷冻油量。正常情况下,更换下来的会比新的重。

注意:

① 蒸发器温度保护(低温保护 0 ~ 2℃);传动带驱动压缩机温度过高保护(高温保护 130℃ ±5℃)。

② 维修时应注意,打开管路的 O 形圈检查是否拉断或压迫严重,若有问题必须更换,并在装配前在密封圈上涂冷冻油后按要求力矩连接。

③ 维修中严格按技术要求操作(充注量、冷冻油型号、力矩要求等),按照要求检修空调,保证空调系统的正常工作和使用寿命。

④ 因冷冻油具有较强的吸水性,在拆下管路时要立即用堵塞或口盖堵住管口,不要使湿气或灰尘进入制冷系统。

⑤ 在排放系统中过多的制冷剂时,不要排放过快,以免将系统中的压缩机油也抽出来。

⑥ 定期清洁空气过滤网，保持良好的空气调节质量。

⑦ 检查冷凝器散热片表面是否有脏污，不要用蒸汽或高压水枪冲洗，以免损坏冷凝器散热片，应用软毛刷刷洗。

⑧ 避免制冷剂过量。若制冷剂过量，会导致制冷不良。

（二）空调采暖系统维修保养售后排气

在拆装空调采暖系统回路中的 PTC 电动水泵、PTC 水加热器、暖风水管、空调箱体和动力总成等零部件后，需对发动机冷却系统进行加注适量的、规定的冷却液，且需按照如下步骤进行系统排气。

1）整车上 OK 档电，将档位挂至 N 档，切换至 HEV 模式中的 Sport 模式起动发动机。

2）打开空调，将空调温度设置到 Hi，风量档位建议设置 4 档风。

3）将加速踏板踩下，按"5min2500 转左右发动机转速"→"1min 原地怠速"的周期进行排气。两次循环过后，在发动机怠速工况下，用手感受出风口的风温。

① 若风温出现明显的下降趋势，则继续按上述第 3 点的排气方法进行排气。

② 若风温不出现明显的下降趋势后切至 EV 模式，再次用手感受出风温度（感受时间不能太短，建议大于 3min），若风温无明显的下降，则排气完成；若风温有明显的下降，需再次切换至 HEV 模式按上述第 3 点进行排气。

4）排气完成后，检测冷却系统是否漏液。

5）排气完成后，观察前舱发动机冷却液补液壶内的液位，若液位低于 max 线，则需要进行补液，让发动机冷却液补液壶中的液位接近 max 线。

注意：上述第 3 点可以适当的调整每次排气踩转速和怠速的频率，如 1min2500 转，30s 怠速。

（三）蓄电池冷却系统维修售后排气

在拆装蓄电池冷却系统回路中的动力蓄电池包，蓄电池热管理电动水泵、板换和蓄电池冷却管路等零部件后，需对蓄电池热管理系统进行加注适量的、规定的冷却介质，且需按照如下步骤进行系统排气。

1）查看蓄电池热管理副水箱里面是否有冷却液，如图 3-5-24 所示，若没有，需往里面进行加注，将冷却介质加注到 max 线附近，加注的最高液位不得超过排气口。

2）整车上 OK 档电，接上 VDS，进入 BCC（蓄电池热管理控制器）主动测试界面，将电池热管理电动水泵设置为"开启"。

3）打开前舱盖，观察右前照灯洗涤液壶上的副水箱排气口中是否有连续的水流喷出。

① 若喷出的水流为间断的，则继续排气，直至喷出水流为连续状态，且在排气口水流喷射连续状态下持续排气 15~20min 后结束系统排气。

② 若无水流喷出，查看壶里面是否有冷却液。若没有，适量加注一些规定的冷却液待观察。若有，将蓄电池热管理电动水泵按"工作 2min"→"停止工作 1min"周期来进行排气，直至有水流喷出。

4）在排气过程中或排气完成后，检查蓄电池冷却系统是否漏液。

5）排气完成后，观察壶内的液位，若液位低于 max 线，则需要进行补液，让蓄电池冷却介质液位接近 max 线。

注意：

① 排气方法建议按"水泵工作 3min"→"停止工作 30s"。

②排气过程中可以观察水泵工作的声音,刚开始排气时,水泵工作的噪声偏大,排气接近干净后,水泵工作声音比较小。

③更换动力蓄电池后,可以进行定量加注。

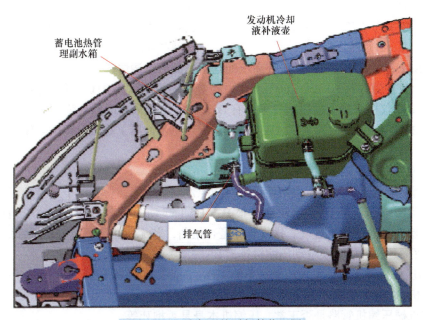

图 3-5-24 冷却系统零部件位置图

(四)维修总结

1. 空调不制冷

1)EV 模式以及 HEV 模式都不制冷(电动压缩机、机械压缩机都不工作),整车上 OK 电,用 ED400 诊断仪读取"空调控制器故障码"。

① 若出现"B2A2F 空调管路压力故障",用诊断仪查看"空调控制器系统压力值","若系统压力 > 3.2MPa 或 < 0.25MPa",检查相应的管路,若管路无故障,重新加注冷媒,制冷剂加注量为 620g。

注意:正常情况下,压缩机没开启时的压力约在 0.65 ~ 0.75MPa。

② 若出现"B2A2D 主控制器控制的鼓风机故障",排查鼓风机线路及熔丝。

③ 若出现"B2A24 蒸发器温度传感器断路"或"B2A25 蒸发器温度传感器短路",排查蒸发器传感器线路。

④ 若出现"操作空调按键无响应",查看空调熔丝。

2)电动压缩机不工作,机械压缩机能工作。

① 在上 OK 档电时出现发动机会起动下,后自动切换回 EV 模式。

a. 用"绝缘测试仪"测试电动压缩机和 PTC 水加热器的绝缘电阻。

b. 若其中有一个模块绝缘电阻小于 10MΩ,更换绝缘电阻小于 10MΩ 的零部件。

② 上 OK 档电开空调起动发动机或关闭空调自动切换回 EV 模式。

通过空调自诊断(同时按下"AUTO"和"OFF"按键持续 3S 以上),查看多媒体上显示的故障码。

a. 若显示数字为"70",检查高压电池管理器(高压 BMS)。

b. 若显示数字为"71",检查到电动压缩机这路高压插接器是否对接好。

c. 若显示数字为"71""60",检查电动压缩机低压插接器是否对接好或低压线束是否有问题。

d. 若显示数字为"72",检查到 PTC 水加热器这路高压插接器是否对接好。

e. 若显示数字为"72"、"61",检查电动压缩机低压插接器是否对接好或低压线束是否有问题。

f. 若显示数字为"71""72",检查高压配电箱里面的空调熔丝。

g. 若显示数字为"71""72""60""61",检查电动压缩机及 PTC 的低压插接器及线路。

③ 若用诊断仪检查到电动压缩机里面有 B2AB0（电流采样电路故障）、B2AB1（电机缺相故障）、B2AB2（IPM/IGBT 故障）、B2AB3（内部温度传感器故障）等故障码中的任何一个或多个，更换相应故障模块。

④ 电动压缩机一直尝试起动。

a. 若电动压缩机尝试起动压力偏高,且有间隙性制冷效果,检查电子风扇是否工作。

b. 若电动压缩机一直尝试起动,且报 B2AB5（起动失败故障）,电动压缩机转速小于 1000r/min；检查电动压缩机进气、排气管路是否扭曲,若无扭曲,更换电动压缩机；若更换电动压缩机后故障还在,则更换电动压缩机排出管。

3）电动压缩机能工作,机械压缩机不能工作。

① 检查机械压缩机的低压插接器和线束是否有问题。

② 检查机械压缩机管路是否正常、压缩机本身是否抱死等。

2. 纯电动模式下不能采暖,HEV 模式下能正常采暖

1）若开 PTC 时出现发动机会起动下,后自动切换回 EV 模式。用"绝缘测试仪"测试电动压缩机和 PTC 水加热器的绝缘电阻,若其中有一个模块绝缘电阻小于 10MΩ,则更换小于 10MΩ 的零部件。

2）若自诊断无故障码,PTC 能正常工作,但不吹热风：排查 PTC 水道管路或电动水泵是否故障。

3. 其他问题

EV 模式能正常制冷、HEV 模式吹热风,且报 B2A2B（驾驶侧冷暖电机故障）,检查线束（冷暖混合控制电机—空调控制器,冷暖混合控制电机—车身搭铁）,检查线束是否短路,检查冷暖电机。

见配套习题册

项目四 混合动力汽车典型故障分析

任务一 2015款比亚迪秦车辆无法自行切换HEV模式故障分析

故障现象

一辆2015款比亚迪秦HEV，车辆在EV模式下SOC行驶至15%无法自行切换HEV，SOC至3%发动机仍未介入。

原因分析

1）起动机故障。
2）ECM控制端故障。
3）线束故障。

诊断过程

1）路试车辆，使用EV模式SOC3%工况下无法自行切换HEV，使用纯油模式也无法起动发动机。
2）使用VDS1000读取发动机故障码P0A0F：发动机或起动电机故障。
3）检查行李舱内350A起动机熔丝正常，仪表配电盒30A起动机熔丝正常。
4）车辆起动时继电器有吸合声。
5）从起动机吸拉开关电源线接头处，测量发现在起动瞬间没有12V工作电压，测量其发动机线束导通没有异常；断开发动机线束不与前舱线束连接，直接从前舱线束端测量也没有12V电压，最后检查发现起动继电器座输出端针脚退针（红白线），发动机起动电路图如图4-1-1所示。

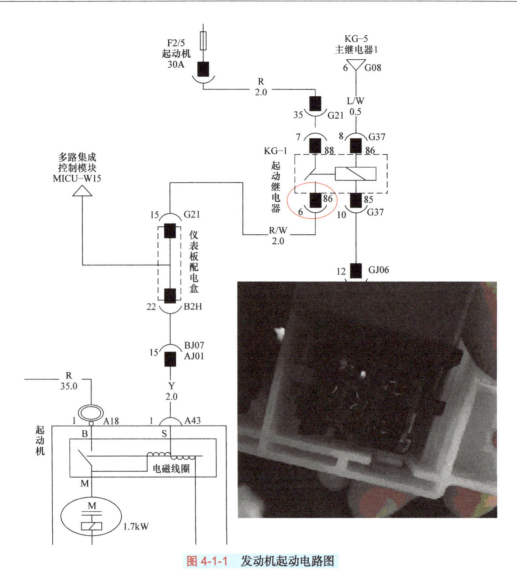

图 4-1-1　发动机起动电路图

任务二　比亚迪秦 EV 模式行驶抖动冲击故障分析

故障现象

一辆 2014 款比亚迪秦 HEV，EV 模式起步抖动冲击，低电量时（SOC ≤ 15%）更加明显。

原因分析

1）驱动电机故障。
2）驱动电机控制器故障。
3）线路及其他故障。

项目四 混合动力汽车典型故障分析

> 诊断过程

1）读取故障码。驱动电机控制器报 P1B15 电机缺 B 相；P1B63 未定义，根据故障码定义初步判断此故障为电机缺相引起。

2）缺相有两种可能原因：电机故障；驱动电机控制器故障。读取数据流，在故障出现时电机 A、B、C 三相电流相差太大，B 相电流为 0A 如图 4-2-1 所示，明显异常，进一步测量电机三相输入线两两之间电阻均为 0.2Ω（正常）且对壳体绝缘，从测量数据看可以排除电机故障导致。到此确定为驱动电机控制器三相输出故障，更换驱动电机控制器试车故障排除。

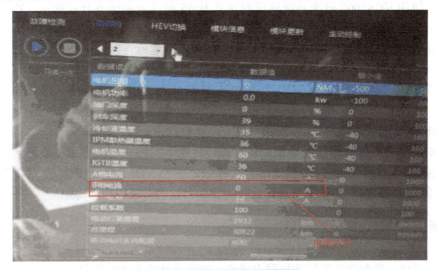

图 4-2-1 电机三相电流数据

任务三 比亚迪秦 HEV 不能充满电故障分析

> 故障现象

一辆比亚迪秦 HEV 车型，车辆在充电时候只能冲到 10% 就停止充电，如图 4-3-1 所示。

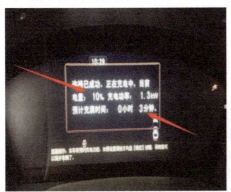 

图 4-3-1 车辆只能充电 10% 即停止

原因分析

1）BMS 故障。
2）仪表故障。
3）BMS 至仪表间线路异常。

诊断过程

1）首先使用 VDS1000 扫描系统软件时发现 BMS 和仪表系统有升级提示，将各个系统升级至最新版本后试车故障依旧。
2）扫描系统检查各模块时未发现故障，再次测试充电枪连接充电数据流均正常，仪表依然显示 SOC 只有 10%、预计充满电时间只有 3min。
3）检查 BMS 数据流时发现 SOC 为 100%，怀疑 BMS 故障，将其与他车互换后试车故障依旧。
4）检查 BMS 至仪表间的 CAN 线路，未发现异常。
5）基本锁定以上故障为仪表导致，仔细阅读厂家下发的作业指导书，发现前期仪表升级未按照规定操作（升级仪表 V1.1 系统时分两部分：使用 VDS1000 升级；在网盘下载秦仪表 v1.1 软件，使用 U 盘连接 USB 接口进行升级），重新对仪表升级后故障排除。

维修小结

1）软件升级一定严格按照作业指导书操作，避免造成不必要的麻烦。
2）排除故障前一定要仔细了解零部件的工作原理，以提升维修效率。

任务四　比亚迪秦行驶中偶发性无 EV 故障分析

故障现象

一辆 2015 款比亚迪秦 HEV，总里程为 35982km，客户反映车辆正常行驶中突然无 EV 模式，仪表显示"请检查动力系统"。

原因分析

1）高压系统故障。
2）电池故障。
3）互锁或漏电故障。
4）线束故障。

诊断过程

1）用 VDS1000 读故障码为高压互锁 1 故障，怀疑高压互锁有短路情况。

2）查看高压互锁线路图如图 4-4-1 所示，得知电源管理器的接插器 K64-1 为高压互锁输出信号，K65-7 为高压互锁输入信号。

3）用万用表测量 K64-1 针脚和 K65-7 之间电阻值为无穷大，按照线路图，用万用表一端接 K64-1 针脚、另一端接 B21-4 针脚，阻值导通（排除高压配电箱和维修开关故障）。再用万用表测量 B21-20 针脚和 K65-7 之间的阻值也是导通（排除低压线路故障），由此判定为电机控制器故障。

4）更换驱动电机控制器后，故障排除。

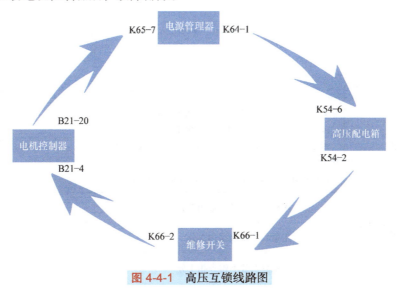

图 4-4-1 高压互锁线路图

附 录

附录A 实操评分标准

序号	考核项目	配分	扣分标准(每项累计扣分不超过配分)	得分		
				小组自评 30%	教师评价 40%	小组互评 30%
1	高压防护		未安装车轮挡块、设置隔离栏和警示牌 未检查绝缘手套、护目镜和安全帽 未穿戴绝缘鞋、绝缘手套(进入工位前提前穿戴好) 违规操作发生触电、火灾、人身和设备事故	禁止操作		
2	工具及仪器检查防护	5	未检查工量具设备扣2分			
			工量具准备错误扣2分			
			工量具摆放不整齐扣1分			
3	检修准备	15	没有进行车身状况检查扣2分			
			没有安装尾气抽排管扣2分			
			内三件套、外三件套、地垫,未安装一项扣3分			
			没有检测绝缘地垫扣2分			
4	故障判断及排除	50	不会判断故障扣10分			
			故障点判断错误一次扣5分			
			不能正确使用工量具及仪器设备扣10分			
			不能排除故障扣10分			
			没有验证排除效果5分			
			没有得出维修结论扣10分			

（续）

序号	考核项目	配分	扣分标准（每项累计扣分不超过配分）	得分		
				小组自评 30%	教师评价 40%	小组互评 30%
5	操作过程	25	不会查阅维修手册扣5分			
			没有使用维修手册扣10分			
			没有记录数据或波形扣5分			
			工具或零件落地扣3分			
			工量具及仪器设备摆放不整齐扣2分			
6	安全生产	5	因违规操作被裁判阻止一次扣5分			
7	合计	100				
8	折算合计		小组自评×30%+教师评价×40%+小组互评×30%			

附录B　混合动力汽车专业英语词汇

混合动力汽车英语专业词汇

附录C　混合动力汽车维护技术规范

混合动力电动汽车维护技术规范

机械工业出版社 | 汽车分社

读者服务

机械工业出版社立足工程科技主业,坚持传播工业技术、工匠技能和工业文化,是集专业出版、教育出版和大众出版于一体的大型综合性科技出版机构。旗下汽车分社面向汽车全产业链提供知识服务,出版服务覆盖包括工程技术人员、研究人员、管理人员等在内的汽车产业从业者,高等院校、职业院校汽车专业师生和广大汽车爱好者、消费者。

一、意见反馈

感谢您购买机械工业出版社出版的图书。我们一直致力于"以专业铸就品质,让阅读更有价值",这离不开您的支持!如果您对本书有任何建议或意见,请您反馈给我。我社长期接收汽车技术、交通技术、汽车维修、汽车科普、汽车管理及汽车类、交通类教材方面的稿件,欢迎来电来函咨询。

咨询电话:010-88379353   编辑信箱:cmpzhq@163.com

二、课件下载

选用本书作为教材,免费赠送电子课件等教学资源供授课教师使用,请添加客服人员微信手机号"13683016884"咨询详情;亦可在机械工业出版社教育服务网(www.cmpedu.com)注册后免费下载。

三、教师服务

机工汽车教师群为您提供教学样书申领、最新教材信息、教材特色介绍、专业教材推荐、出版合作咨询等服务,还可免费收看大咖直播课,参加有奖赠书活动,更有机会获得签名版图书、购书优惠券。

加入方式:搜索 QQ 群号码 317137009,加入机工汽车教师群 2 群。请您加入时备注院校 + 专业 + 姓名。

四、购书渠道

机工汽车小编
13683016884

我社出版的图书在京东、当当、淘宝、天猫及全国各大新华书店均有销售。
团购热线:010-88379735
零售热线:010-68326294 88379203